占星术和天使

2025

占星家
Alina Rubi

独立出版

版权所有 © 2025。

占星术：Alina Rubí

电子邮件：rubiediciones29@gmail.com

编辑：Angeline Rubí/Alina A. Rubi

rubiediciones29@gmail.com

不得以任何形式或通过任何电子或机械方式复制或传播本书的任何部分 。包括影印、录制或任何存档和检索信息的系统，未经作者事先书面许可。

2025 年的一般预测 3

年度回顾 8

2025 年满月月历 12

剪头发的最佳日子 12

白羊座的星座运势 18

金牛座 20

金牛座 金牛座的综合运势**星座运势** 24

双子座 26

双子座的星座运势 30

癌症 32

巨蟹座的一般星座运势 37

狮子座 39

狮子座的 一般星座运势 42

处女座 44

处女座的星座运势 48

天秤座 50

天秤座的星座运势 55

天蝎座 57

天蝎座的星座运势 61

人马座 63

射手座的星座运势 67

摩羯座 69

摩羯座的星座运势 73

水瓶座 75

水瓶座的星座运势 79

双鱼座 81

双鱼座的星座运势 86

2025 年结婚的幸运日期: 88

2025 年 仪式 的幸运日 89

你的星座大天使 97

    白羊座。大天使 **查缪尔** 98

    金牛座。天使**长**哈尼尔 101

    双子座。大天使拉斐尔 104

    巨蟹座 – 大天使加百列 107

    狮子座 – 天使**长**米迦勒 110

处女座 – 大天使拉斐尔 113

天秤座 – 大天使哈尼尔 115

天蝎座 – 大天使 查缪尔 和 死神 117

射手座 – 大天使扎基尔 119

摩羯座 – 大天使乌列 122

水瓶座 – 大天使乌列 124

双鱼座 – 大天使 死神 和 扎德基尔 126

精神向导和能量保护 129
过去的创伤和伤口 130
能量自毁 130
根深蒂固的思想的消极模式 131
能量净化 132
性能量的能量净化 133

所罗门的五角星。 135

为什么所罗门的五角星如此强大？ 136

所罗门的护身符或印章 137

土星的五角星 137

木星五角星 140

五角星 144

太阳五角星 147

　　金星五角星 151

　　水星五角星 153

　　月亮五角星 156

你星座的守护天使 159

　　白羊座。安吉尔·安内尔 159

　　金牛座。安赫尔·乌里尔 160

　　双子座。安吉尔·伊亚尔 161

　　癌症。安吉尔·罗切尔 161

　　狮子座。安吉尔·内尔哈伊尔 162

　　处女座。安吉尔·梅拉赫尔 163

　　天秤座。安查尔·耶拉特尔 163

　　蝎子。安吉尔·阿兹拉尔 164

　　人马座。安吉尔·尤梅贝尔 165

　　摩羯座。安吉尔·西塔尔 165

　　水瓶座。安吉尔·加布里埃尔 166

　　双鱼座。安吉尔·丹尼尔 167

天使数字及其含义 168

如何**阅读**天使数字 171

2025 年重要天使数 172

  如果您**经**常看到您的生日 173

  编号序列 中的数字**顺**序 173

数字序列。重复 0 174

数字序列。重复 1 次 175

数字序列。重播 2 177

数字序列。重复 3 次 178

数字序列。重复 4 次 179

数字序列。重复 5 次 180

数字序列。重播 6 182

数字序列。重复 7 183

数字序列。重播 8 184

数字序列。重播 9 185

天使之光 186

蓝光 186

黄色或金色光**线** 187

粉**红**光 188

白光 189

紫**罗兰**·雷 191

与 七道光芒 连接的好**处** 193

天使之光法令 194

第一天使之光的法令（**蓝**色） 195

第二天使雷法令（黄色） 195

第三天使之光的法令（粉**红**色） 196

第四天使之光的法令（白色） 196

第五天使之光的法令（**绿**色） 197

第六天使光芒 （**红**宝石） 的法令 197

2025 年的意**义** 199

2025 年的天使色彩 202

  白羊座 204

  金牛座 205

  双子座 206

  癌症 207

  狮子座 209

  处女座 211

  磅 213

蝎子 214

人马座 215

摩羯座 216

瓶座 217

双鱼座 218

大天使的颜色 219

2025 年星座的天使预言 221

白羊座的预测 221

对双子座的预测 225

对狮子座的预测 229

对处女座的预测 230

对磅的预测 231

对天蝎座的预测 233

对射手座的预测 235

对摩羯座的预测 237

对水瓶座的预测 239

对双鱼座的预测 241

2025 年每个星座的精神法则 243

白羊座。...................................243

吸引力法则...................................243

　　金牛座。...................................245

业力法则...................................245

　　双子座。...................................247

超然法则...................................247

　　癌症。...................................248

宽恕的法则...................................248

　　狮子座。...................................250

服务法...................................250

　　处女座。...................................251

振动定律...................................251

　　天秤座。...................................253

均衡定律...................................253

　　蝎子。...................................254

丰度法则...................................254

　　人马座。...................................255

责任法...................................255

　　　　摩羯座。 256

共**时**性定律 256

　　　　水瓶座。 257

完美法**则** 257

　　　　双**鱼**座。 258

无条件的**爱**法**则** 258

如何与您的守**护**天使沟通 259

关于作者 261

关于作者 261

2025 年的一般预测

这将是占星学层面上又一个重要的一年。我们正面临一个激动人心的周期，其中外行星：土星、天王星、海王星、冥王星和木星，将朝着交际星座过渡，在全球范围内彻底改变一年的精神。

在处于更被动的位置之后，这些凌日表明行动发生了巨大的飞跃。能量将向外移动，鼓励创造力和创新。

我们正面临着一个广阔的循环，它可以激发激情和冒险欲望，以及情绪强度和过度。

双鱼座的土星和白羊座的海王星引领着这个群体，位于双子座的天王星和水瓶座的冥王星之间的中点。

想象一下，每个人都要求自己的自由，并利用他们的思想和技术来开辟创造力、知识和成就的新领域。想象一下，从道德上讲，为了互惠互利，接近生活以及它所提供的一切。

想想你的新人性，把自己放在"高我"的位置上，能够完成你命运的召唤。

随着所有外行星都在 29°，过渡到新的星座，人们会相信世界正在末日，他们可能倾向于以极端主义和自我毁灭的方式行事。一个时代正在结束，但我们的星球还没有结束。远离关于世界末日的虚假和灾难性新闻。

自恋和自私会加剧，许多人可能会将它们用作武器。这种自恋将鼓励针对气候变化、替代蛋白质选择和数字货币使用的激进政策。

人们的自我有可能瓦解，这会迫使我们拥有更好的心理健康，或者被我们内心的恶魔折磨。从消极的一面来看，它可能会助长自恋，因为许多人会被困在他们的旧版本中。

一支新的精神战士军团将诞生，但不要忘记，你的工作是在精神上引导自己，而不是总是依赖外部来源。

飞速的技术进步将改变通信、旅游、金融和医疗行业。这种速度在心理层面上很难控制。天王星和冥王星在空气星座时，能量会急剧移动，以至于感觉很电。

今年是在精神、身体和精神上增强自己的一年，这样您才能克服旧结构的损失，并能够在更坚固的基础上建立新结构。

你应该试着设定不可逾越的界限，专注于你想要创造的未来，而不是听新闻说什么。随着你周围的世界瓦解，忽略一切。不要同意让任何人把你的同理心当作武器来操纵，或者要求为了公共利益而做出个人牺牲。关闭边境，筑墙，保护你的家，购买可以维持你几个月的食物和食物，特别是如果你是一个思想自由的人。

对监狱、私人安全、军事防御和网络安全的投资是有保证的金钱赌注。与游戏公司和医疗技术类似。

技术创新和人工智能的进步可能会造成许多裁员和经济冲击。你必须非常专心并质疑一切。如果人们说某件事对人类、地球和动物都有好处，请务必询问它是否也对您有益。

保护您的心理健康，不要阅读有害新闻，并限制使用社交网络。尝试与志同道合的人互动。依靠捍卫和保护个性的团体。

人权运动将在今年发挥主导作用，因为他们为制定保护我们免受技术和压迫的法律而奋斗。

你应该尽量保持清醒。酒精、毒品和其他形式的逃避现实对你没有任何好处。成瘾必须被治愈。如果您不信任传统的医疗保健，请寻找替代疗法。不要忘记，自然并不意味着坏。专注于您的营养、锻炼并学习如何应对压力。

请当心邪教，因为如此多的剧烈变化会带来过度的恐惧，人们将倾向于依附于导师或宗教领袖。这些承诺救赎的所谓领袖，正在寻求权力、金钱、名声和控制。

结构（土星）和溶解（海王星）之间的摩擦会促使你重新评估什么对你来说真正重要。这是定义您的生活方向和价值观的关键时期。

许多变化即将到来。研究你真正的身份，定义你想要创造的未来，并迅速实现它。

土星的影响力将帮助我们识别并放下不切实际的期望，培养一种真实而清晰的方法来应对生活中的挑战。

土星和海王星的能量混合会增加不确定性。你必须学会处理这个问题，这是加强你有效实施长期目标的能力的唯一方法。

从历史上看，这些时期加剧了不同意识形态思潮之间的冲突，例如目前存在于宗教与科学之间或政党之间的冲突。社会辩论将更加突出和分裂。

这些时期导致对现有系统和领导者的集体幻灭感。然而，它们可以成为新的领导模式和更精神、更道德的政府的沃土。

土星的影响力将帮助我们将海王星的梦想转化为具体行动。现在是专注于采取与更高愿景相一致的实际步骤的时候。出于这个原因，随着土星和海王星之间的摩擦加剧，我们将重新评估什么对我们来说真正重要。这是将我们的生活方向与我们的核心价值观重新调整的关键时期。

这可能是实施可以重塑社会结构的想法的理想时期。当理想被转化时，社会价值观就会发生变化，这样其他人就会重新考虑他们的信仰和态度。

土星和海王星之间的合相邀请我们探索现实与幻觉之间的界限，为我们提供了以真实和精神一致的方式重建基本结构的机会。

这些变化不会很快发生，而是渐进的。在 15 或 20 年后，我们将达到这种调整。我们不能失去希望，让我们想想从 2008 年持续到 2024 年的冥王星凌日，将近 16 年。这就是我们花了很长时间才意识到，那些处于金字塔顶端的人只关心他们自己。

冥王星经过水瓶座，海王星经过白羊座，天王星经过双子座，这无疑是一个全球变革、技术进步和精神觉醒的时代。这种情况如何演变取决于我们的意识水平。

年度回顾

如您所见，与往年一样，2025 年仍然充满挑战。这将是极不稳定的一年，尽管结局有望更加稳定，因为冲突将逐渐得到解决。到今年年底，经济将开始复苏，政治问题将开始谈判。

今年有很多冲突需要解决，但基本上最糟糕的是新旧之间的斗争。旧的政治和经济结构不会不战而降，这将导致全世界的军事对抗。这场斗争不仅包括政治领域，还会有混乱，影响我们生活的方方面面。

2025 年，我们将见证许多国家政治结构的变化。今年冲突最严重的月份是 1 月至 3 月，那时我之前提到的木星和土星之间的相位将因火星的逆行凌日而得到加强。

这方面是如此冲突，以至于它可能导致世界上许多国家发生起义、革命或叛乱，特别是在美国和欧盟的一些成员国。所有这些都将于 2024 年 12 月开始烹饪。

预计会有更多植根于宗教差异的战争。

然而，在 4 月底，一个阶段将开始，政治家本身和整个社会将理解变革的迫切需求。当然，变化不会在一夜之间发生，在所有领域，它都将是渐进的。

我们将以恶化的经济开始新的一年，我们将持续这场政府没有认识到的衰退，直到 8 月。然后，一个从经济危机中逐步恢复的过程将开始。

美国、欧洲和中国之间的经济对立将加剧，但中国将继续影响全球市场和经济。

到 8 月底，与农业和食品生产相关的所有行业都将出现令人难以置信的增长。

在美国，内部分歧将继续存在。总统选举将极具挑战性。这次选举是在冥王星从美国返回的最后阶段进行的，这是一个动荡的时期。我认为唐纳德·特朗普不会赢，他有很多强大的阵营，包括木星，这可能会给他带来胜利，木星统治权力。特朗普的木星和太阳处于超级幸运的相位，这确实是赢家的过境，但他也有天王星参与其中的具有挑战性的相位，这可能会对他的胜利造成障碍，更不用说一些业力课程了。我看到木星，就像一个慈爱的父亲，把总统胜利的礼物交给特朗普，但随后我看到天王星和土星，在夜间进来，像无情的小偷一样，夺走了一切。你几乎可以仅仅因为木星凌日双子座就宣布特朗普是赢家，但还有其他方面告诉我们，这里有一些欺骗性的东西，有更高的力量在做各种把戏。他可以一路走下去，但在最后一刻，会发生一些意想不到的事情。就像木星要给他想要的东西，但突然土星和天王星出现并把它抢走了。

卡玛拉·哈里斯（卡玛拉·哈里斯）的出生图也非常强大。在我于 2021 年 10 月 13 日为《新先驱报》写的一篇文章中，我表示她可以被指定为民主党 2024 年选举的候选人。

火星逆行对选举进行了最后一击，与冥王星形成三重冲日，这将包括选举、就职典礼和 2025 年 3 月之间的时期。在选举前两天，火星与冥王星一起到达这三个冲日中的第一个。这种设置以其波动性和暴力性而闻名。操纵或试图颠覆民主投票过程的行为即将到来。

2024 年 11 月 1 日，天蝎座的新月由火星在巨蟹座的 29° 掌管，而冥王星在摩羯座的 29° 处。这些度数实际上意味着危机。天蝎座新月后的两周将受到火星-冥王星的压制影响。

特朗普的进步表明他的影响力和声望有所增加。然而，他们的太阳回归、凌日和月球回归表明了许多困难。可以为特朗普扫清通往白宫道路的最有用的凌日是木星到它的太阳和北交点的凌日，然而，随着土星四分相位经过木星及其发光体，木星只会像对逆境和它面临的隐藏敌人的乐观火花。

我认为特朗普通往白宫的唯一途径是火星逆行，引起巨大轰动，或者命运的残酷转折。我的理论是，如果他没有赢得选举，他继续煽动的运动将带来一场重大的反抗，对选举的潜在成功挑战，或者试图用武力占领白宫。特朗普是美国重返冥王星的棺材上的最后一枚钉子。

英国将被迫实施规则和法律来稳定其经济。政党之间的斗争将加剧，导致紧张局势和对国家政治管理的更多不满。尽管如此，仍有一些方面表明许多经济问题的克服。

从经济角度来看，德国、意大利和法国经历了困难时期，并因民族和宗教原因发生了几次冲突。

俄罗斯将继续其军事冲突，除乌克兰外，还将涉及其他国家。乌克兰冲突将在2025年上半年继续升级，达到令人震惊的水平。不排除俄罗斯和北约之间的直接战斗，如果发生这种情况，情况可能会变得很糟糕。

中东的冲突将进一步升级。今年上半年之后将达成停火或和平协议，但在此之前将有关键时刻。

2025年的天气带来了许多惊喜，但都令人不快。预计洪水、飓风、地震和野火，土星和海王星在白羊座，这是火元素的标志。

到2025年，可能会出现与呼吸道或神经系统相关的病毒，这些病毒最初将难以诊断。今年年底，与癌症和其他慢性病治疗相关的技术将取得许多重大进展。

2025 年满月月历

狼月 2025 年 1 月 11 日星期六
雪月 2025 年 2 月 10 日星期一
蠕虫之月 2025 年 3 月 12 日星期三
粉红月 2025 年 4 月 10 日星期四
花月 2025 年 5 月 10 日星期六
草莓月 2025 年 6 月 9 日星期一
鹿月 2025 年 7 月 8 日星期二
鲟鱼月 2025 年 8 月 7 日星期四
丰收之月 2025 年 9 月 5 日星期五
猎人之月 2025 年 10 月 5 日星期日
海狸月　　　2025 年 11 月 3 日星期一
冷月 2025 年 12 月 3 日星期三
Luna Lobo 2026 年 1 月 1 日星期四

剪头发的最佳日子

月亮和它过境的星座会影响头发的生长。

一月： 3、5、8、9、12、13、16、17、21、22、23 和 31。

2 月： 1、4、5、8、9、13、14、18、19、27 和 28。

三月：3、4、7、8、9、17、18、19、27 和 28。

4 月： 1、4、5、13、14、15、23 和 24。

5月：1、2、11、12、20和21。

6月：7、8、16、17、18、25和26。

7月：4、5、6、14、15、22、23和31。

八月：1、2、10、11、18、1,920、28和29。

9月：6、7、15、16、24、25和26。

10月：4、5、12、13、21、22、23和31。

11月：1日、8日、9日、18日、19日、28日和29日。

12月：6、7、15、16、25和26日。

白羊座

强大而有魅力,是十二生肖的第一个星座,当谈到爱情和浪漫时,白羊座以火为食,这是他们的自然元素。

白羊座以其不可预测的气质和可爱而闻名,在爱情方面是多面的。

白羊座如此成功的部分原因是他的魅力和天生的能力,他以与生俱来的热情和乐观吸引人,通过他富有感染力的生活乐趣为他的人际关系增添了趣味。

作为一个如此雄心勃勃的星座,难怪白羊座努力拥有一段完美的关系。白羊座可以告诉你,理想的交往是没有争论的交往,但实际上,这个星座更满足于令人兴奋的紧张感。

他喜欢赢,比赛要求他展示自己的最佳品质。如果你想让他参与进来,一定要认识到他的胜利。

所有的火象星座(白羊座、狮子座和射手座)都需要观众,但白羊座也许是最敢于表现出他们对认可的需求的,如果你用感叹号而不是问号结束每个词,你将永远与自信的白羊座保持快乐的关系。

白羊座的自我是他们宇宙配置的一部分，他们可能偶尔会傲慢，但他们的自我并不坏。事实上，整个星座的开始都要归功于白羊座的自信。

白羊座的活泼精神令人振奋和鼓舞人心，但这可能很棘手，因为白羊座需要持续的关注，如果处理不当，会让你筋疲力尽。白羊座的情侣学会如何说不很重要，即使这意味着要忍受偶尔的发脾气。

你应该记住，白羊座总是在测试界限，所以如果你的白羊座伴侣偶尔说或做一些不恰当的事情，请不要感到惊讶。这是他们衡量什么可以和不能获得的方式，所以如果你的白羊座伴侣做错了什么，一定要立即告诉他们。

这个火象星座尊重个人界限，所以一旦他了解了你们关系的参数，他就会确保尊重你的要求。

白羊座需要被培养，需要一直被支持，虽然他们投射得很强大，但他们非常细腻，所以如果你愿意扮演情感啦啦队长的角色，你的白羊座伴侣将永远感激不尽。

白羊座过于雄心勃勃，想成为一对私下和公开闪耀的夫妇的一员，然而，如果白羊座夫妇的愿望压倒了他们，这个火热的星座就会变得有点羡慕。

如果发生这种情况，请不要担心，只要找机会庆祝他的成就，他一定会散发出感激之情。

在恋爱中玩游戏是不可取的，但对于白羊座来说，情况会有所不同，因为他喜欢挑战。但是，你不应该使用操纵，因为白羊座是直接的，他们最讨厌的莫过于被嘲笑。

你可以开玩笑和开玩笑，但归根结底，确保你总是以诚实的意图去做。

白羊座喜欢舒适，喜欢风格，所以如果你正在寻找新的方法来引起他的注意，不要害怕脱颖而出，他被具有挑战性的时尚选择、鲜艳的色彩和无所畏惧的图案所吸引。

不匹配抓住了他燃烧的心，因为他喜欢快乐，如果他看到你玩得很开心，你会立即激发吸引力。

白羊座是由激情驱动的，所以当谈到长期的关系时，你找到新的、令人兴奋的方法来保持爱情的火焰不断燃烧是至关重要的。

性对白羊座很重要;身体接触确保满足白羊座。他们总是希望觉得这段关系是一种选择，而不是一种义务，因此，他们将通过在他们的关系中注入冒险、戏剧性，当然还有不时的争论来保持火花。

请记住，战斗对白羊座来说是健康的，因为它可以让他们的火继续燃烧，如果你曾经与白羊座有过很长一段时间的关系，你已经知道这段关系在某个时候会走到十字路口。

由于白羊座习惯于一头扎进人际关系中，因此有反思的时刻对他们来说非常重要，因为他们需要自由来考虑他们长期承诺的影响。因此，您必须给他们空间来权衡他们的选择并做出决定。

经过一番思考，你的白羊座伴侣肯定会更热情地回归这段关系。

白羊座的星座运势

这对你来说是非常重要的一年，因为有许多行星和行星事件会影响你的星座。

在你做出任何重大决定之前，你需要知道这些行星能量的含义，并确定你生活中将产生影响的方面。这是决定性的一年;你必须对自己有更多的了解，并开始正确地设置你的生活。

从1月到3月，这将是一个极具挑战性的时期。火星，这颗统治你的行星，将逆行。这次过境会让你觉得困难，因为它会限制你以你特有的勇气和安全来行动。

上半年还有其他困难的相位，比如木星与土星相冲，这会给你带来一些问题。

海王星将于3月30日至10月22日穿过你的星座，这次过境会让你感觉与你的直觉更加紧密，它也将为您提供展示神秘能力的可能性。在此期间，你的想象力会得到加强，你会更有同理心。你的魅力会增加，但你应该试着意识到自己的极限，而不是满足你的自我。

土星将在5月24日至9月1日期间拜访你的星座。这些类型的访问不是很愉快，因为土星非常严重且不妥协，因此在此期间，您将不得不专注于尚未从生活中学到的教训。您应该为这次访问做好准备，因为您将经历许多挑战。

今年专注于你想开始的事情，这是为你人生的下一阶段做准备的时候。这个 2025 年给了你第二次机会的能量，所以专注于你想再给一次机会的事情。你必须反思并释放任何阻碍你的东西。所以要聪明！

你必须对你已经拥有的东西足智多谋和有创造力。

金牛座

爱上金牛座很容易。这个星座是纯粹的诗歌和激情。在爱情之星金星的统治下,金牛座享受着美好的生活,事实上,他们永远不会满足于任何低于它应得的东西,这一特点使它征服了黄道十二宫最顽固星座的称号。

金牛座热爱浪漫,懂得坠入爱河,也喜欢被追求,所以自然而然地懂得勾引。金牛座充满激情,认真对待自己的责任,并希望有一个终生的伴侣,因为他们太传统了。

没有什么比那种安全感更让金牛座兴奋的了。金牛座以稳定、脚踏实地和诚实而广受欢迎。

特别需要记住的是,在忠诚之前,你必须像没有明天一样喂养和喝金牛座。与金星有关,他的诱惑形式围绕着色情流传,因此,如果您准备好爱上他,请准备好通过回声和香气进行一次包罗万象的旅程。

由于金牛座与物质世界相互联系,他们喜欢通过礼物来表达他们的崇拜,他们从来不敢送你便宜的东西。金牛座会用一份能吸引你精神的礼物来表达他们的钦佩。这不是无私的;他期待得到回报。

金牛座需要知道你爱他们，而且这种关系是互惠的。毕竟，所以每当金牛座表达喜欢或不喜欢时，他们都希望你能记住它。密切关注你的金牛座伴侣的评论，你甚至应该做一些笔记。

如果你暗示你喜欢南瓜馅饼，那就意味着你会等着你为他们买一个。虽然金牛座充满了性感，但不要超过极限尤为重要。事实上，这个世俗的标本会对粗暴的人非常警惕，所以花点时间获得他们的信任。

金牛座，说到爱情，并不急于求成，所以趁机冷静前行，让感情自然发展。

他需要一段时间才能打开，因为他很享受整个过程，对于这对金星夫妇来说，坠入爱河是一次令人难以置信的神奇经历，这是值得的。金牛座重视安全感，倾向于被那些对财务、事业和家庭有相同看法的伴侣所吸引。

由于所有这些对他们来说都非常重要，因此很容易从一开始就衡量他们的意图。所以，如果金牛座在第三次约会时问你关于收入、职业抱负或梦想之家的事情，你可以相信他们有兴趣认真前进。

对于金牛座的恋人来说，性是一件特别重要的事情。因此，行为本身不如它的准备重要。

前戏是最让他兴奋的，就像这个金星孩子的一切一样，它应该是一种完整的感官体验。不要忘记这一点：金牛座热爱传统，那些神圣的敬拜姿态会受到欢迎，并为极其热情的夜晚创造合适的氛围。金牛座的性感区是脖子，所以在这个区域接吻会让你发疯。

虽然金牛座喜欢和他的伴侣在一起，但他也需要很多独处的时间来宠爱自己，他认真对待自己的自我保健仪式，特别是如果他的空间受到威胁，他会对周围的环境变得相当占有欲。

永远不要想着触摸金牛座的圣物。对他来说，未经允许拿走东西就是宣战。这个星座赋予每一项财产价值，关心他们拥有的一切，这很快就会产生轻微的囤积倾向。在任何情况下都不要扔掉任何属于金牛座的东西。不值得冒着他们的愤怒风险。凭借其奢华的品味，几乎没有什么值得丢弃的。

对 Taurus 来说，质量胜于数量。换句话说，如果你的金牛座伴侣很豪华，你不会在乎你有多少个钱包。

当谈到与金牛座的长期关系时，金钱很重要。当然，这并不意味着您完全被亿万富翁所吸引。

事实上，对象并不那么重要。真正产生影响的是您的伴侣赚取和储蓄收入的方式。

确保你永远承认你的金牛座伴侣当之无愧的成功。

这个星座似乎有点复杂，但一旦你开始适应这种生活方式，你也会意识到这一切都是合理的。

金牛座喜欢食物，通往金牛座心的道路要经过他们的胃，所以最感性的关系总是包括一顿美食。

金牛座 金牛座的综合运势星座运势

金牛座在 2025 年将是忙碌的一年。做好准备，因为重大变化即将到来，改变您的生活轨迹。其中一些变化会让您走出舒适区，但是，它们会给您带来成长的机会。尽管前方的道路似乎令人生畏，但您的决心将推动您走向成功。适应变化。充分利用您遇到的挑战并保持灵活性。今年，如果你付出努力，行星会对齐，为你提供稳定、物质丰富和个人成长。

准备好拥抱等待着你的广泛的体验，因为你以你特有的耐心在行星能量中游泳。

天王星继续穿过你的星座，但是，它即将结束，所以你没有更多的时间去寻找惊喜。近年来，天王星在你的星座给你的生活和性格带来了重要的变化。你可能已经学会了变得更适应。然而，随着 2025 年等待您的更多变化，您将不得不尽快行动，趁您有能力，以便您可以利用机会来改变您尚未完成的事情。

利用新月期间开始新项目。满月会带给你强烈的情绪。你可能需要更好地照顾自己，摆脱有毒的关系。

在水星逆行期间，调整你的价值观，并调整你的生活。在做出重大更改之前，请花点时间进行计划。

今年，您可以拥抱稳定和安全。有许多方面预示着富足、繁荣和新的乐观情绪。今年是专注于实现您的物质目标的绝佳一年，无论是与您的职业、财务还是个人财产有关。

双子座

双子座是一个空气星座，可以在他们的朋友、聚会和伦巴之夜之间毫无问题地相处。双子座由水星统治，水星是沟通之星，因此您总能找到有趣的话题来谈论

双子座是一位出色的轶事家，他们的活力和吸引力吸引了浪漫的伴侣。嫉妒的人应该知道，双子座从不孤单，因为他们总是有粉丝和追随者。

当双子座对外表达自己的情绪时，他们喜欢交谈。这种自我表达对善变的双胞胎来说至关重要，因此他们需要所有的沟通渠道都是开放的，并愿意接收信息。

他不在乎他的想法是如何传达的，分享他的想法的行动比他说什么更重要。双子座最鄙视的莫过于休闲;他总是很忙。他不停地取笑他的多种娱乐、倾向和社会责任。

这个空气星座可能会抱怨工作过度，但当你分析他们的日常日程安排时，他们所有的差事都是可选的，这表明双子座的日程安排只不过是他们排他性二元性的结果。

双子座喜欢分享他们的想法和想法，但他们不知道怎么听，很容易分心，所以确保你的双子座伴侣注意你是关键。

如果您偶然发现他离开了谈话，请不要犹豫告诉他，并提醒他交流是两个人之间的交流。保持双子座的兴趣并不容易，事实上，他不知道如何保持专注。

这个星座几乎已经看到了这一切，让他们的目光保持固定的最好方法是让他们站起来。做出必要的改变，不要忘记你永远不应该妥协你的价值观或需求。

随着你对 Gemini 的了解，请尽情发现自己的多样性。与双子座合作的诱惑技巧是会说话，作为最多面的星座，他们会喜欢告诉你自己的爱好和兴趣。

由于它非常好奇，与这个星座交谈就像照镜子一样，因为它具有反映你对它所说的话的奇妙能力。这可能看起来很奇怪，但确实是这个星座的本质。

与双子座约会是一种刺激的经历，你必须小心，因为双子座需要不断的刺激，这有时会让人很难在情感层面上深入了解他们。

确保你抽出时间坐下来和你的双子座同伴聊天，不要害怕提醒他们，愉快的招待会永远不会浪费时间。

双子座喜欢性，对他来说，这是另一种形式的交流。双子座的很强，要让他兴奋，几句有见地的评论就足够了。

说到脏话，双子座写了一本百科全书，所以你可以通过准确解释你喜欢在床上做什么来让他兴奋。通过这种方式，他会同时感受和分析，这种组合对他来说就是性高潮。

双子座的特点之一是它能多快地从最具破坏性的错误中恢复过来。与其他星座不同，他不受自我的支配。他喜欢玩得开心，所以他不会让自己的自我妨碍他，所以当他犯错时，他从不防备。如果 Gemini 必须道歉，他们会立即道歉。

虽然这种品质非常受人尊敬，但并不完全慷慨。双子座希望你也能同样匆忙地接受他们的道歉。双子座在忙碌的时候是最快乐的，一旦他的日历变得太放松，他就会想办法改变事情。

不是他害怕，只是他不喜欢无聊。

所有这些都对双子座的情侣来说可能是一个挑战。稳定的关系需要很多照顾，而双子座不能轻易提供，所以当你处于一段关系中时，你需要确保你优先考虑你的关系。

由于这个空气星座愿意尝试一切，至少尝试一次，但有时尝试两次，他们喜欢通过浪漫的关系来探索自己性格的各个方面。

即使他们不投射它，双子座也在寻找一对平衡私密或家庭空间的宁静夫妇，因为他们已经有足够的自己的空间进行修改。这个空气星座一直在寻找可以与他们保持良好关系的人，因此他们总是喋喋不休。

双子座的星座运势

对于双子座来说，今年将是充满希望的一年。然而，偶尔会出现一些障碍，尤其是在水星逆行期间。

您必须适应变化并接受挑战，因为您将获得许多奖励。您必须束缚生活中的松散结局，专注于扩大视野、寻找新兴趣和与他人联系的机会。

双子座一年中会有很多激情的邂逅，他们的收入也会增加。请记住，没有牺牲，人生就没有收获。对你的人际关系要有耐心，相信你的内在自我会带来力量和积极的氛围。

2025 年的地球事件将为充满动态变化和增长机会的一年奠定基础。这些活动的目的是促使您放弃过时的模式并拥抱新的可能性。

有许多过境可以保证你很丰富，并重新获得乐观和自信。这是专注于拓宽视野的绝佳时机，无论是通过旅行、教育还是探索新想法。

这一年并非没有挑战，将考验您的思考能力，但它也会为您提供关于耐心和毅力的宝贵课程。

木星将留在你的星座，直到 2025 年 6 月 9 日，这样你就可以继续享受这次过境的祝福。

在新月期间，寻找新的体验，启动新的项目，并专注于自己的愿望和需求。照顾好自己，确保你以正确的方式和正确的理由做事。

癌症

巨蟹座是一个水象星座，以一只在大海和海岸之间行走的螃蟹为象征，这种能力也反映在它融合情绪和身体状态的能力上。

巨蟹座的直觉来自其情感部分，以一种有形的方式表现出来，由于安全和诚实对这个星座来说至关重要，所以一开始可能会有点冷淡和疏远。

巨蟹座一点一点地展现了他温柔的精神，以及他真正的同情心和通灵能力。如果你很幸运并赢得了他的信任，你会发现，尽管他最初很害羞，但他喜欢分享。

对于这个恋人来说，伴侣真的是最好的礼物，用他们坚不可摧的忠诚、责任感和情感支持来回报关系。他往往很像家，他的家是一座私人寺庙，是他可以表达自己个性的地方。

凭借其国内能力，螃蟹也是一个崇高的宿主。如果你的巨蟹座伴侣喜欢用自制的食物来称赞你，请不要感到惊讶，因为没有什么，他们更喜欢天然食物。

巨蟹座也非常担心他的朋友和家人，他喜欢扮演监护人的角色，让他能够与最亲密的伙伴建立热情的纽带。

但永远不要忘记，当巨蟹座在情感上投资于某人时，你冒着模糊关心和控制之间界限的风险。

巨蟹座也像月亮一样具有善变的性质，容易出现不稳定。巨蟹座是黄道十二宫中最闷闷不乐的星座。他们的伴侣必须学会欣赏他们的情绪变化，当然巨蟹座也必须控制自己的多愁善感。

他的防御习惯有截然不同的一面，当他感到被激怒时，他会毫不犹豫地进行防御。巨蟹座必须记住，偶尔的错误和争吵并不能让你的伴侣成为你的敌人。此外，您必须做出积极的努力才能出现在您的人际关系中。

作为一个情绪化的星座和内省的星座，你大部分时间都很容易封闭自己，如果你不在一段关系中，下次你走出困境时，你的伴侣可能不再在你身边。

巨蟹座知道如何倾听，一旦它从外壳中出来，它就是一块情感海绵。你的巨蟹座伴侣会吸收你的情绪，这有时可能是支持的，但有时可能会令人窒息。

很难判断巨蟹座是否在模仿。或者真的同情你，但既然他和他的伙伴如此紧密相连，那就没有什么区别了。

如果巨蟹座的情感支持阻碍了你的性格，最好放手。这个过于敏感的星座很容易受到即使是最微妙的意见的挑战，虽然他通过斜行来避免直接冲突，但他也可以使用他的臼齿。

这种特有的无忧无虑和挑衅的行为是意料之中的，很少能不尝试过他特有的坏脾气就与巨蟹座约会至少一次。

由于巨蟹座的敏感，与他争论并不容易，但随着时间的推移，你会学会该说什么，也许更重要的是，该避免什么。意识到是什么困扰着你的巨蟹座伴侣，随着时间的推移，进行困难的对话会变得更容易。

了解这种神奇生物在其最好和最坏的时刻是如何运作的，这一点很重要。归根结底，要记住的最重要的事情是，巨蟹座永远不会像看起来那样冷漠。

巨蟹座最难的是穿过它坚硬、坚硬的表面。因此，在与巨蟹座调情时，宽容是关键。保持缓慢而稳定的步伐，随着时间的推移，您将获得揭示真实自我的信心。

当然，这可能是一个漫长而复杂的过程，最轻微的错误都会让巨蟹座处于防御状态，所以前进两步可能会变成后退一步。不要气馁，这不是个人的，这只是螃蟹的生理机能。

巨蟹座可能会有随意的性行为，但这个甜水星座更喜欢有情感亲密的关系。

请记住，巨蟹座在走出壳之前需要完全舒适，这在性方面尤其重要。对于螃蟹来说，信任是由物理上的接近所推动的。

你可以通过一点一点地整合，考虑到他们的节奏和爱抚，开始与巨蟹座建立性关系。这将使巨蟹座在融合情感和身体表达时感到更自在，确保他们在开始做爱之前感到受到保护。

虽然巨蟹座很有耐心，而且往往非常忠诚，因为他需要感到被保护，并被他的伴侣理解，但如果他觉得这些要求没有得到满足，他可能会在另一个人身上寻求亲密关系。

巨蟹座可能是非常恶意的，所以任何秘密关系都会被计算出来，一只流浪蟹会不惜一切代价将它的恶作剧带入坟墓，采取额外措施通过将证据埋在海边来防止相遇被发现。

事实上，即使是最忠实的螃蟹也会有秘密，但这并不意味着它们是邪恶的。

每个人都应该对某些事情保密，再加上一点神秘感会为这段关系增添一丝色彩。

巨蟹座发现建立一段认真而忠诚的关系并不容易，当他感到安全时，他不会希望它破裂。

即使在火花消失后，巨蟹座也倾向于留在关系中，因为巨蟹座的内心是一个多愁善感的人。但当然，并非所有关系都注定会永远持续下去。

这个水象星座不会假装报复心，但当你的心碎时，他们知道如何设定界限。

删除您的电话号码、屏蔽您并在社交媒体上取消关注您可以让他在分手时保护自己免受痛苦。因此，如果您与巨蟹座的关系走到了尽头，预计会收到一份详细的规则清单。

巨蟹座可以是理想主义的，而这个水象星座肯定在寻找浪漫的转录。然而，它与黄道十二宫的每个星座以不同的方式互动。

巨蟹座的一般星座运势

2025 年的宇宙潮汐有望成为巨蟹座的变革和丰富时期。今年，行星给你成长与和谐的机会。星星为您准备了巨大的惊喜。你的生活将发生巨大的变化，并为你的职业发展、浪漫的邂逅和旅行提供许多机会。然而，这一年也有一些挑战，尤其是在日食期间。您必须以乐观的态度面对这些变化。

行星对齐会促使你在爱情和你的职业之间取得平衡。您将处理一些难以处理的冲突。但是，现在是您与伴侣进行一些您一直在避免的对话的最佳时机。

这是情感反省和培养深刻而有意义的联系的一年。这实际上是一个星光邀请，让你拥抱你的情感深度。所有这些都需要你以勇气和韧性驾驭自己的感受。您与生俱来的同理心和直觉将引导您度过任何逆境。

拥抱 Eclipses 的变革能量，利用冷静期来加深您的自我意识并培养您的个人成长。你是一股强大的情感智慧力量，而各行星正在合谋帮助你培养一种深刻的自我理解的生活。

这一年对你来说会有点坎坷，因为它从你星座的火星逆行开始，直到 2 月 23 日。火星可以给你带来很多能量，但逆行会给你带来挫败感。努力寻找健康的压力出口。

满月会放大你的情绪能量，并会带来更多的挑战。新月会迫使你做出正确的选择。

到今年年底，您将准备好开始找房子或正式搬家。

狮子座

这个标志以狮子为象征，不会让您忘记它。虽然他的性格开朗，但他的嚎叫也伴随着一种强烈的粗暴。

Leo 所做的一切都是悲剧性的，当他生气时，最好让开他。他是一个固定的星座，他的想法非常坚定，他的目标不变，行事方式顽固。

Leo 是一个勤奋的帮凶，他全心全意地投入到每一段关系中。当然，他也可以非常不妥协，但固执总是他诚实的一闪而过。

狮子座的灵感来自戏剧，但他也很敏感，狮子座无疑是所有火象星座中最情绪化的，他很容易感到受伤，所以你的伴侣需要知道如何培养这个温柔的标本。忠诚对狮子座来说尤为重要，所以当你进入他的领域时，他会要求绝对的爱。

当这个星座感到受伤时，最好不要给出建议，狮子座寻求解脱，而不是提醒，因此如果你开始对任何情况发表意见，他会觉得被他的伴侣背叛了。

狮子座会带你走到悬崖边，因为他喜欢被挑战，从小就知道自己是十二生肖的皇室成员，即使是最谨慎的狮子也会有帝王的姿态。这个标志总是不厌其烦地获得掌声。丰盛的晚餐、独家派对和名牌服装让您感到被爱。
当你寻找它时，请记住，要遵循押韵并不容易。有时，要拿出如此严格的标志可能很困难。但最终，这是值得的。

一旦您在狮子座的中心预订了自己的位置，您就不会想放弃王位。狮子座不在乎他的伴侣有自我，相反，狮子希望他的伴侣虚荣和自信。Leo 不是在寻找一个自大狂，但这个勇敢的生物必须确保他的伙伴知道如何有尊严地佩戴皇冠。

Leo 将情侣的概念视为自己的延伸。由于这个火象星座以他们在从创意冒险到好莱坞式浪漫故事的方方面面的勇敢而闻名，因此您必须匹配一个逐字知道他们在寻找什么的人。

说到性，火热的狮子座也可以在床上大放异彩。狮子最大的性唤起是感到被渴望。他被诱惑所迷惑，必须通过浮夸的引语和华丽的浪漫表达来暴露感情。这个星座对被觊觎的想法咆哮，尤其是当那炽热的欲望转化为热情的爱情时。

这只火热的狮子总是在坠入爱河，他喜欢他的浪漫和他的个性一样大，没有什么比无耻的崇拜更让他嚎叫的了。

他需要成为关注的焦点，正因为如此，他可能会被危险的恋情所诱惑。狮子座觉得反对赞美并不容易，所以他倾向于祝贺。

如果戏剧提前结束，Leo 被抛弃，那就是另一回事了。起初，他的反应通常是震惊，在这个阶段之后，他会经历毁灭性的焦虑，表现出他的痛苦。即使事情变得严重，狮子也是一种刀枪不入的生物，会找到回归光明的路，因为狮子座开朗无畏，拒绝接受失败。

狮子座一直在寻找一个伙伴来刺激他的精神，因为最终他讨厌无聊。

狮子座的 一般星座运势

2025 年对狮子座来说，充满了辉煌和重大事件。现在是你拥抱好与坏、温柔与粗糙，并找到它们之间的共同点的时候了。这是追求梦想和设定目标的理想一年。尝试超越你的极限。您将成为关注的焦点并担任领导职务。准备好踏入宇宙的聚光灯下，因为 2025 年将是充满机遇的变革之年。

这是个人成长和赋权的一年，是结束和开始的一年，这将促使你放弃不再反映你真正潜力的过时模式和信念。2025 年有望为您带来丰富、创造力和对自己实现愿望的能力的信心。这是专注于培养才能的好时机。

这一年也有一些挑战，将考验你保持脚踏实地的能力。在水星逆行期间，您将在与您的爱好和创意任务相关的领域遇到一些延误和问题。您的恋爱关系和您的联系人将受到影响。

当火星经过你的星座时，你可能会感到沮丧，你的神经处于混乱状态。您必须有效地使用这种运输方式，否则您将遇到事故和争吵。

满月期可以带出旧情绪并增加你的敏感度，这在那些时期可能相当高。试着内省，努力解放自我，了解过去，多花点时间休息。要聪明，不要在不值得的事情上浪费精力。在新月期间，您有第二次机会。

这是拥抱新事物和未探索事物的一年，加上 2025 年会赐予您额外的财富。所以，深呼吸，用你内心的火焰踏上一段非凡的自我发现和个人赋权之旅。

处女座

处女座是农业女神代表的土象星座。处女座技术娴熟、有条不紊、彻底,并寻求提高自己,使他们成为最好的星座伙伴之一。处女座是一位学者,鼓舞人心的话语和想法是这个土象星座的壮阳药。

处女座通常是一个贪婪的读者,喜欢电影或音乐。作为一个易变的星座,他也是开放的,这一品质经常表现在他精致的品味上。

处女座欣赏包含许多类别的艺术,并喜欢了解新作者。处女座在内心的事情上是以逻辑和组织为基础的,这个反复无常的星座正在寻找一个适合他们日常生活的伴侣。

处女座使用数据库来创建他们的伴侣的完整代表,他们生活中的所有人,以及他们的习俗,都积累在心理记录中,包括他们的习惯和不喜欢。处女座喜欢通过他们的支持和务实来提供帮助,而这个土象星座总是坚持不懈，并为冲突提供可行的解决方案。

处女座对卓越的渴望可以释放到周围的人身上，他们的分析从深思熟虑和微妙，到过于批判。为了维持健康的关系，处女座不应该评判，应该让他们所爱的人站在他们的立场上行走。

处女座应该牢记的特别重要的一点是，不断追求完美可能会变得具有破坏性。

当谈到性时，这个星座有一种新鲜的能量，但它很天真。在水星的统治下，他的性取向具有探究的性质;您几乎会观察性生活的方方面面，包括伴侣的体格。

缺陷中总有美，所以处女座要认识到，缺陷可以是一种实用性，而不是缺陷，这一点很重要。

这个知识分子星座对幽默和聪明的对话过于兴奋。理论上，处女座会成为一个了不起的浪漫小说家，但如果你的处女座情人不是尼古拉斯·斯帕克斯或科林·泰拉多，他们可能会以缩写的形式展示它。

如果你的处女座恋人在卧室里相当孤僻，至少一开始是这样，请不要感到惊讶。

处女座是一个循规蹈矩的人，在他设法展开对话之前，他将是一个充满爱心的旁观者，会非常注意床上发生的事情。

这并不意味着他没有堕落，事实上，处女座喜欢在卧室里充满激情，在一个安全的环境中，处女座会想要进行有规律的性爱，让他能够探查自己的所有倾向。但不要尝试一些意想不到的事情，动作或角色的突然变化会让他迷失方向。

处女座喜欢乐于助人，并尽可能地使用他们的技能，因此他们很容易成为解决他人问题的海绵。解决这个问题的最好方法是让事情变得简单。

虽然你的处女座伴侣很热情，但不要让他们成为你所有挫折的守卫。如果你把所有的压力都卸在处女座身上，你会感到不知所措。考虑向你的朋友寻求你的挫折。

要与处女座建立持久的关系，重要的是要知道他们会值得信赖，但他们也需要依靠你，尤其是当他们犯错时。

不要想着批评处女座，这似乎很讽刺，但处女座讨厌因为他们的行为而被指责。这将使他们有能力向您寻求帮助，从而巩固关系。

当处女座努力实现一个不可能的爱情理想时，当完美的乌托邦消散时，处女座会在不通知伴侣的情况下彻底放弃这段关系。

他并不是故意不雅的，他非常讨厌让人们失望，因此他会想离开这段关系，而不会有困难的争论。换句话说，处女座喜欢消失而不留下任何痕迹。

如果你设法在处女座伴侣伸手之前联系上她，她会找借口，试图通过承担所有负担来平息紧张情绪。

当分手意外发生时，他很难放手，他会在心里反复回放这段关系的每一个细节，以发现事情发生180度大转弯的关键时刻。

处女座并不总是非黑即白的，事实上，它是一个过于复杂的生物，如果你找到足够的信息来断定你目前的关系是不完美的，你愿意在其他地方寻找一段令人满意的关系。

处女座的星座运势

对于处女座来说，这将是有趣的一年，因为他们的生活中会有很多变化和动作。如果他们想实现自己的目标，耐心和勤奋是必要的。他们必须准备好采取行动，因为这将是更新的一年，并且他们的职业和个人生活将发生意想不到的变化。现在是摆脱旧事物并为新事物让路的理想时机。面对问题，不要忘记将自我保健放在首位。令人兴奋的机会等待着您。永远相信你的直觉，因为 2025 年将是改变生活的一年。

在水星逆行期间，你会感到非常不安全，你应该花时间休息和思考。

月食将激发您进行内省和精神发展。在这段时间里，注意你非理性的本能和欲望，走出舒适圈，寻求平静。你的情绪会加剧，让你更专注于自己，以及你需要努力的事情。向内看，在你的存在上下功夫。

专注于大事，并最大限度地发挥你的热情和兴奋。你有很多值得骄傲的地方，但你还有更多的工作要做。您将遇到迷人的人，他们的想法会激发您的灵感并推动您大胆思考。

在线项目将为您带来财务赞助商，或者您可以与合作者合作。今年是您使用 YouTube、TikTok、

Instagram 或您自己的网站开展与人工智能相关的业务的一年。报名参加在线课程以提高您的技能。

改变你的注意力,建立一个亲密的朋友圈。如果你是单身,你的下一个爱情可能会通过相互联系或朋友来。慢慢来,先建立牢固的友谊。放慢速度、排序和处理。

天秤座

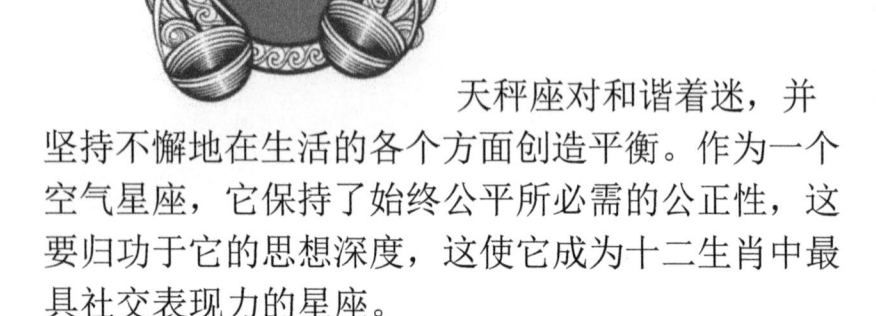

天秤座对和谐着迷,并坚持不懈地在生活的各个方面创造平衡。作为一个空气星座,它保持了始终公平所必需的公正性,这要归功于它的思想深度,这使它成为十二生肖中最具社交表现力的星座。

天秤座在他的朋友中很诱人,很受欢迎,在日常生活中茁壮成长,是十二生肖的合法美容师。金星是爱、美和金钱的行星,掌管金牛座和天秤座,但天秤座与金星的类比与金牛座的类比不同。

对于天秤座来说,他的浪漫气质是知性,也就是他热爱艺术,而且是知性。这个杰出的标志可以在品尝葡萄酒或赞美现代艺术作品时找到。

天秤座需要被显示他牵强兴趣的物品所包围,因此,他是一位出色的艺术家。

永远不要将天秤座的偏好误解为他们对表面之下的东西漠不关心,天秤座关心正义并代表他人为公平而战,因此当情况需要时,他们会扮演明智和公平的仲裁者的角色。

天秤座永远不会霸道和炫耀他们的道德,这个娇弱的星座可以毫不费力地解决问题。天秤座象征着我们。人际关系对天秤座来说是必不可少的,这个星座在关系中找到了平衡,因此天秤座必须小心,不要在与伴侣商定的条件之外寻求关注。

天秤座希望每个人都满意,并且可能会想越过调情的界限。天秤座会不被接受,即使这意味着他们目前的关系处于危险之中。

作为一个红衣主教星座,天秤座擅长创造新的想法,可以在每种情况下看到所有可能的替代方案。通过考虑所有观点,他很难决定,他也很难选择,因为他一直在平衡天平。

这个空气星座是由外表驱动的,自负对天秤座来说可能是一种脆弱,他们可能会过度关注一个适合他们审美理想模式的伴侣。

有好品味并不是一件坏事,天秤座的关键词是精致,突然或压迫性的行为,比如每3分钟给他发短信,全天候发电子邮件,或者试图过早结束这段关系,都会让他烦恼。

天秤座正在寻找一种逐渐发展的优雅关系,他和他的伴侣必须一步一步培养爱情和信任,在对美好事物的同时兴趣的基础上形成联系。如果你想和天秤座开始一段浪漫，可以考虑参加画廊开幕式或古典歌剧。

天秤座喜欢恋爱，他不假思索地投入浪漫是很常见的，他温顺而细腻，在黑领带之夜、圆形剧场之旅和自发的电影之旅之间，与天秤座的约会感觉像是一场冒险，或者是浪漫电影的剧本。

这个诱人的空气星座知道如何给人惊喜，但在这些夸张的求爱动作中，也有很多预谋。

天秤座明显明确地关注他们想要什么，他们很容易尝试塑造他们的伴侣以精确地满足这些愿望，而不是考虑你的愿望可能是其他的。

通过与天秤座建立关系，他会知道如何表现出优雅，而了解天秤座是否真的专注于这段关系的最好方法不是通过基本的浪漫姿态，而是通过微妙的示爱。

天秤座痴迷于被征服，虽然身体上的亲密关系很重要，但这个星座需要心理上的序言，在性方面会导致兴奋。

有些星座可能会受到直接性接触的幻想的刺激，但贵族天秤座认为这些激情的接触太平淡无奇了。

天秤座对冲突过敏，起初，这种和平的行为是完美的，但实际上，这可能是他们伴侣的最大障碍，因为为了不让他们失望，他们通常会诉诸仁慈的谎言，和半真半假。重要的是要记住，天秤座的目的不是操纵，他只是不想让你对他生气。

同时，天秤座必须记住，在生活中我们不能成为金币，每个人都喜欢我们，那是不可能的壮举。

在人际关系中，一个人必须诚实，此外，健康的冲突提供了成长、学习和在必要时设定限制的机会。

承诺建立在诚实的对话之上，表达你的不同意见也会防止天秤座随着时间的推移变得冷漠和怨恨，变得痛苦，以及分手的发生。

天秤座对分手并非一无所知，这个星座在恋爱时很快乐，但他们不断进入和迁移关系也就不足为奇了。在他令人钦佩的世界里，决裂不会存在。

天秤座总是保持开放的选择，即使他们处于认真的关系中。

当天秤座和他的伴侣分手时，他用迷人的语言来做，因为他总是想让门敞开，如果他们想和他分手，他会做不可能的事情来避免。

天秤座非常在乎它在别人身上引起的看法，宁愿保持对前伴侣的欣赏，而不是永远远离它。

天秤座对浪漫主义很敏感，但担心他们的声誉。

这个星座相当灵活，可以向伴侣表达感情，因此他们会扇动火象星座的火炬，与水象星座形成海浪，与土象星座一起竖起山脉，与风象星座维持有效的旋风，天秤座的目标是创造一种平静、宁静、和谐的生活与她的伴侣。

天秤座的星座运势

2025 年，天秤座、人际关系和新项目对您来说很突出。海王星和土星正在进入你的关系领域。那会带来很多能量，你可能会看到有些人离开你的生活。这是因为它们不再具有积极的目的。将留在你生命中的人将是你更加亲近的人，你将与他们做出更多的承诺。这种能源将持续几年，因此 2025 年只是一个开始。

可能会有一个让你大吃一惊的结局，你将被迫依靠其他人，而不是假装你一切都在掌控之中。如果您与成瘾、相互依赖或行为模式作斗争，您将跌入谷底并寻求帮助。被压抑的情绪会出乎意料地出现，你会为你避免面对的损失而悲伤。俗话说，必须亲身感受才能治愈，恐惧就是用恐惧治愈。

在 Eclipses 期间，您将结识新朋友，您将能够确保您的关系具有相同的给予和索取，并且沟通渠道畅通无阻。

在满月阶段，你会对出现的任何问题更加情绪化和敏感，你必须努力解决它们，理解它们，并释放它们。如果你是单身，新月阶段可以给你带来认识某人的机会，或者如果你处于恋爱关系中，可以重新点燃激情。

为天王星穿过您的亲密区域时突然的紧急制动或脱轨做好准备。这可以为您的生活带来巨大的变化，并且您与他人的情感纽带可能会发生变化。

在水星逆行期间，您应该为工作中的延误和混乱做好准备。如果您有一个可以实施而不会错过任何一个节拍的应急计划，您可能会感到不那么沮丧。无论如何，始终寻找任何事件的一线希望。将其视为暂停和回顾您的进度的机会。

天蝎座

天蝎座的名声很差。这个黑暗的水象星座以其神秘的魅力、无情的野心和特有的难以捉摸的本质而闻名。它是黄道十二宫中最复杂的星座,以天蝎座为代表,天蝎座是一种生活在黑暗中的奸诈动物。

对于天蝎座来说,生命是一盘棋,由冥王星统治,它具有再生能力,成为自己最好、最强的版本。

成长对天蝎座来说是必不可少的;这个星座使用作为情感和心理扩展的工具。就像冥王星和神秘世界的诱人力量一样,天蝎座也流淌着能量。

天蝎座可以毫无问题地找到追求者,并且以其令人难以置信的性感而闻名。尽管他以好色著称,但他重视人际关系中的诚实和隐私。

由于其令人难以置信的火热和力量,人们认为天蝎座是一个火象星座,然而,它属于水元素,象征着它从潜意识和情感中获得力量。

天蝎座的直觉和敏感程度相当高，能感知任何事物的能量，吸收他人的情绪。

天蝎座很强硬，就像他的星座符号一样，他在黑暗中观察，等待着在他最意想不到的时候出击的绝佳机会。这个水象星座计算器总是提前几步预测到一个宏伟的计划中。

这并不意味着他的意图一定是邪恶的，他只是喜欢为长期计划，为了实现这一目标，他专注于自己的目标，从不亮出他的底牌，正是这种神秘的性质使他如此迷人。

天蝎座知道如何利用他的直觉来操纵任何情况，让人们相互对抗。天蝎座必须永远记住，如果他允许自己纵和权力的欲望所控制，他就有可能在自己的刺痛中刺伤自己。你的隐秘行为会导致你失去人际关系。

这个星座知道当他们的个人强度与最亲密的朋友施加时，如何发挥出最好的自己，因为虽然怀疑和占有欲强，但他们也非常支持他们所爱的人，并愿意不假思索地保护他们。

当他设法建立信任并感到安全时，天蝎座会表现出同理心和承诺。

优雅的人会给你留下好印象，作为水象星座，你的感官非常敏锐，所以，在浪漫中，用很多激情宠爱你很方便。

这个强烈的水象星座重视他们的隐私，所以让他们不容易让陌生人进入他们的私生活。

如果你有兴趣征服天蝎座，求爱过程非常广泛，会充满许多情感力量的考验。

这个星座的每一个动作都是有意为之的，所以你必须超快才能跟上押韵。

如果你成功地完成了这个过程，天蝎座将准备好在灵魂层面上与你建立联系。与其他星座不同，当天蝎座处于恋爱关系中时，并不意味着他们感到安全，他们的强度是永恒的，因为他们的主要目标是终生留住他们的伴侣。

没有比天蝎座更与性相关的星座了，然而，尽管他们有倾向，但身体上的亲密行为对天蝎座来说不如联系重要。

天蝎座发现很难满足自己的，所以他被黑暗和神秘的经历所吸引。

他很容易沉迷于自己的人际关系，这可能表现为疯狂，天蝎座故意制造问题来考验他的伴侣，这种有毒的行为被证明是不利的。天蝎座必须记住，在严肃的关系中，人们有情感独立和亲密的权利。

当你和天蝎座谈恋爱时，要记住的基本事情是，你需要清楚，询问他们的感受，不要害怕挑战任何隐藏的行为。

天蝎座会很感激你让他交代，你通过直接沟通与他交往的次数越多，这种关系就会很安全。

不幸的是，失望在生活中是不可避免的，虽然天蝎座以能够从灰烬中崛起而闻名，但这并不意味着分手对他们来说很容易，事实上，这个星座很难放下他们的伴侣。

不管他是不是发起分手的人，这个刺耳的星座在分手发生后总是让人感到无助。

有时一段关系的结束会释放出天蝎座的控制欲，这有时会导致他痛苦并坚持他的前伴侣，因此，最好将其扼杀在萌芽状态。

在激情的驱使下，天蝎座是一个敬业的伙伴，虽然有些星座抵制天蝎座的坚韧，但其他星座则受到他们能量的启发。

天蝎座的星座运势

对于天蝎座来说，这将是紧张的一年。今年，您的个人和职业生活将发生变化，但您将不得不克服许多问题和障碍。拥有耐心将帮助您在今年的命运考验中毫发无损。您的毅力和对工作的奉献精神将确保您的个人成长。

火星，你的统治者，会给你继续前进的力量和动力。最大限度地利用您遇到的机会。今年是新的开始或项目的好年头。有时你会感到疲倦，你必须灵活并呼吸十次，但要坚持下去。摆脱旧事物，拥抱生活中出现的新事物。

在满月期间，专注于自己，因为你的情绪会高涨。你必须照顾好自己，照顾好自己的愿望和需求。在日食期间，要小心事故或盗窃。

在水星逆行期间，你会遇到一些挑战。许多责任将落在你身上，这将是压倒性的，所以重要的是你不要承担太多。在新月期间，您应该尝试寻找某种第二次机会。您搁置的项目可以恢复。您将能够与您的伴侣自由表达自己，并以大量的能量和力量向前迈进。

如果你拥抱今年的活力和专注力，你将通过合同、佣金和其他收入获得大量资金。吸引力法则会站在你这边,但你必须尽自己的一份力量,打破你的限制性信念。容易上当受骗和接受是有区别的。你必须有情绪控制能力。不要指望祝福会毫不费力地降临到你身上。

宇宙为你提供了一些业力证据,请耐心等待这个过程。

人马座

射手座是一个永恒收集知识的星座。你可以发现他在旅行中穿越海洋，钻研宇宙中的所有藏身之处，寻找刺激。

说到爱情，每一天和每一小时都是这个活跃的火象星座的冒险。木星，丰饶之星，是射手座的统治者，无论走到哪里，运气都会追逐这个星座，作为占星术的半人马，射手座渴望心理、哲学和精神的发展，当然也有很多乐趣。射手座可以将任何事情，即使是最尘世的活动，都变成一项迷人的壮举。

从字面上看，每个人都有一个故事，而且因为射手座是一位出色的演讲者，所以你可以与你的朋友、家人和外人分享这些回忆，以激发和照亮任何地方的方式。除了在他的听众中引发富有感染力的笑声。

由于这个火象星座很吸引人，它总是被热切的观众包围，换句话说，这个星座是黄道十二宫中著名的孩子。作为一个易变的星座，射手座也是适应性强的，其实它对反复变化有着根深蒂固的渴望。

射手座喜欢获得新的道德、意识形态和逻辑，改变观点，也许最重要的是，环游世界。十二生肖徒步旅行者有一种流浪的品质，如果在一个地方长时间逗留，就会变得反复无常，这就是为什么这个星座有探索的自由至关重要。

不是每个人都能跟上射手座不断摇摇欲坠的担忧，所以说到激情，这个火象星座以征服心灵而闻名。

射手座也是十二生肖中的小丑，他总是在讲故事或笑话，所以每一次谈话都充满了诙谐和相当的真诚。虽然他们没有对手，但射手座必须记住要小心他们犀利的舌头和讽刺性的评论。有时，他们的精力会超出极限，看起来自以为是，甚至卑鄙。

射手座的易变品质使他们在做决定时有点苛刻，比如在一段关系中建立承诺。拥有如此多的可能性，她为选择合适的关系而苦恼，因为她喜欢保持自己的选择开放。为了避免感到黯然失色，你必须对这个星座诚实，和他谈谈，坚定不移，一切都会好起来的，因为射手座欣赏真诚。

凭借他冒险和不变的精神，与射手座约会就像坐气球飞，或者在恶劣的天气里从降落伞上跳下来，因为他喜欢生活在边缘，在那里发现新事物的机会更大。在人际关系方面，射手座的事情会变得很危险，因为他们可能会受到刺激去追求高风险的关系。

吸引射手座的注意力并不容易，毕竟，半人马不会在一个地方停留足够长的时间来保持动力。因此，如果你想征服射手座，你必须保持这个充满活力的星座在他们的脚上，不要害怕展示你性格中最有活力的一面。

射手座被你为自己挺身而出所吸引，确保你保持愉快的沟通方式。活泼、自由奔放的半人马在性方面往往看起来无忧无虑，他们的身体关系从偶然到承诺不等，作为一名天生的考古学家，性一直是这个火热星座的事件。

射手座将亲密关系视为自我发现和智力娱乐的机会，因此当涉及到性时，他们往往是一个严肃的刺激追逐者。当射手座决定承诺事情不要改变时，你必须努力保持 24/7 的冒险生活方式。

严肃的关系是关于分享弱点、创建支持方法和共同应对现实，但如果你的行程无法承受射手座提出的计划，请尝试让每一天都取得成功。

考虑与您的伴侣 Centaur 一起探索其他健康实践，他会喜欢与您一起发展自己的精神界限。说到冒险，射手座只是在寻找一个有趣的伴侣，他想和一个能挑战他开阔视野的人在一起。

但永远不要忘记，即使在一段关系中，射手座也讨厌界限，所以如果你发现自己与这个星座有关系，请确保你准备好了你的入门春天。你不会知道会发生什么，但肯定会是一次无情的旅程。界限并不是一件坏事，事实上，它们为这种关系提供了一个坚实的框架。

当你与射手座交往时，试着在早期创造一些东西，明确一段关系的注意事项。

如果你想让你的射手座每天晚上给你发信息，你应该从一开始就告诉他们，因为如果规则明确，这会让射手座更容易理解这段关系。射手座总是在寻找新的情感，他的自由必须得到尊重，以维持任何健康的长期关系，让他知道你渴望参与他的职业，但要让他自己做决定，避免让他决定为自己做这件事而感到内疚。射手座很真诚，所以当你开始分手时，条件很简单，如果你说结束了，那就结束了，有了它就没有回头路了。由于他是一个放荡不羁的人，他发现当事情不顺利时，他很容易收拾行李离开。事实上，射手座经常可以向前迈进，就好像一段关系从未存在过一样。

射手座的星座运势

你需要对 2025 年的人生有新的看法，而且你可以实现它，尽管你可能需要踏上自我发现的旅程才能找到它。翻开这一页，从另一个角度看事情，寻找新的视角，为自己开辟新的道路。

2025 年将是一个充满冒险的时期，您必须努力在工作和娱乐之间取得平衡。您将有无数机会获得专业认可，您的财务状况将得到令人难以置信的改善。你必须组织你的经济并设定明确的目标;你必须始终有一个计划。不要让你的情绪驱使你进行你无法进行的投资。您不应该产生大量费用，请在花钱之前三思而后行。

多亏了土星和海王星，如果这是你梦寐以求的，你可以实现一个浪漫的幻想，包括一枚订婚戒指，但如果你被别人的期望所引导，你就有失望的风险。挑战不仅仅是找到合适的人，您还需要知道您的需求和愿望是什么，以便在机会出现时发现它们。对于那些真正想给他们的关系一个机会的人来说，远离诱惑，谈论束缚或分离你的优点和缺点。

在水星逆行期间，您的人际关系可能会受到威胁，您的家将需要更多的关注和照顾。

新月时期是主动出击的好时机，选择你热衷的事情。

在满月期间，你会觉得你必须处理很多事情，专注于积极的事情，并以愤怒为燃料。

2025 年将是大师级的一年，将给你上一堂成熟的课。如果你能够成熟起来，你所有的项目都将取得你梦寐以求的成功。你有很多东西要留下，这是你想成功的关键。

摩羯座

摩羯座是一个以海山羊、动物半山羊和鱼尾巴为代表的星座。这个神秘的标本可以生活在陆地上，也可以生活在水中，代表了摩羯座平衡逻辑和直觉的能力。

黄道十二宫最雄心勃勃的星座知道如何将这些技能付诸实践。摩羯座由土星统治，土星是主宰时间和限制的行星。占星术中的土星具有教授困难课程的作用，摩羯座对这些痛苦并不陌生。

摩羯座通常在童年和青年时期会经历很多工作，但后来他们会因为成熟而变得更年轻、乐观和有趣。他们的性格力量永远伴随着他们，摩羯座利用这种内在的力量来克服障碍并实现他们的长期目标。简而言之，这个星座永远不会允许任何事情或任何人阻碍你的成功。

作为一个红衣主教星座，摩羯座擅长启动项目，并担任领导者的职位，他们积极的态度使他们在任何职业中都能取得成功。摩羯座喜欢与最亲密的朋友分享，这个土象星座重视与伴侣共度美好时光。摩羯座喜欢与志同道合的人一起构建一个环境，每个严肃的摩羯座都是一个非常调皮的性格。

起初，由于他不自信，他显得有点传统和保守，但与摩羯座最亲近的人都知道，这只海羊可以变成真正的夜行动物，不停地参加派对。

摩羯座的野心激发了灵感，然而，由于他坚定不移的专注，他也有点冷酷无情的名声。出于习惯，他通常总是为大局着想，他没有时间或精力给他的朋友提供建议。

虽然不是所有的摩羯座都是平等的，但摩羯座必须记住，并不是人生中的所有成功都能出现在简历上，最后，同理心比任何职业道路都重要。悲悯和雄心并不是相互排斥的，当他能够将生活的这些方面结合在一起时，他会更加满足。

摩羯座总是有很高的地位，因此他们被雄心勃勃的合作伙伴所吸引。吸引你的人是那些有专业或有创意才能，甚至有幽默感的人。

当你让摩羯座坠入爱河时，一定要突出你最好的品质，并强调你的技能。摩羯座会对你感兴趣。摩羯座想在他们的恋爱关系中打下坚实的基础，这样他们就不会把时间浪费在微不足道的关系上，他们不会从一个分支到另一个分支，如果他们表现出兴趣，那就意味着他们真的很喜欢你。

起初，他的恋爱风格可以很传统，在有安全感之前，他不想把钱花在享乐上。如果感情诞生，摩羯座就会开始显露出来，而且会不那么严肃。

摩羯座的恋人以强调和奉献的态度对待性，在性方面，事情是黑白分明的。对于这个星座来说，要么是浪漫的表达，要么是一个随意的夜晚。当没有情感依恋时，与摩羯座的性爱可能是无菌的，几乎就像与陌生人做生意一样。但是，当他想与他有情感依恋的人一起放松时，他就会表现出他内心的怪物。

摩羯座在性方面是有竞争力的，因此他会让你告诉他你的整个性生活，不要感到羞耻，因为他想要的是竞争或改善这一点。

要维持与摩羯座的关系，你只需要记住，对摩羯座来说，爱情就像一门生意，虽然它不像其他星座那样适合鼓掌，但它确实需要鞠躬，尤其是来自他们的伴侣。对于这个星座来说，工作是生存的必要条件，也是他们内心潜意识斗争的有效出口。

一旦一段关系超越了初始阶段，摩羯座就开始加深这种联系。摩羯座需要和一个可靠的人在一起，这个人也扮演着顾问的角色。

摩羯座将永远感激有机会向伴侣暴露自己的脆弱，从而确保不仅是爱人，也是朋友。

他们的愿望不仅仅是拥有一个强大的伴侣，而是建立和维持他们可以保护的生活质量。对摩羯座来说，没有什么比努力工作更性感的了。摩羯座讨厌懒惰的人，如果你是那样的，你根本不是他们的类型。

当摩羯座给伴侣施加很大压力时，双方都会产生怨恨，为了避免这种情况，他们应该记住，每个人都按照自己的节奏前进，也许最重要的是，他们对胜利有自己的定义。

如果碰巧摩羯座开始把你当作助手，这段关系可能正处于消失的地步，虽然他不是骗子，但如果摩羯座决定误入歧途，他会将其分析为市场调查，或者是激情犯罪，即探索他的最佳选择，得出哪种关系最有利。

归根结底，这对这位占星师来说都是一场谈判，即使是最情绪化的情况也可以用一个好的报价来缓冲。不要误会，如果摩羯座认为一段关系符合他们的期望，他们会为之奋斗到最后。

但如果他发现他们不再给出他们应该给出的数字，他就会准备关闭市场。
老实说，他比他的声望所暗示的更深情，但如果某人对继续不感兴趣，他从不试图说服他留下来。如果你有幸为摩羯座投保，你肯定会有一个稳定、忠诚的伴侣。

摩羯座的星座运势

新的一年开始了，行星完美对齐，为您提供新的机遇和挑战。摩羯座，你不能屈服于挑战，你必须利用新的开始和祝福。您在 2025 年的韧性将使您取得长足的进步。这将是过渡和个人成长的一年，但您全年都会保持稳定。

天王星与你的统治者土星呈四分相位，可能会给你带来一些障碍和惊喜，但你可以忍受，甚至更多。你必须接受这些变化，因为这些行星会把你推出你的舒适区，并要求你承担一些风险。

在水星逆行期间，你会受到启发去思考，并根据你的目标采取行动，回顾它们并改变一些参数。

日食将把你推向未知的土地。很多旅行等着你，尽管你也可能遇到一些生存危机。你必须练习你特有的纪律来克服这些时刻。重置你的界限是强制性的，因为沟通存在很多问题，尤其是与你的亲密家人。

土星将直接进入双鱼座，预示着你过去的业力后果开始发挥作用。

火星会拜访你，这是你实现或完成重要目标的最佳时机。

有许多行星过境会赋予你力量，你永远不应该对爱的可能性封闭自己。此外，您有机会遇到可能成为您灵魂伴侣的人。忘记所有那些偷走你时间和精力的无用关系。你必须找到一种方法来打破在你的爱情关系中不再适合你的模式。照顾好压力，有些问题是你解决不了的。松开那个控制杆。

水瓶座

水瓶座，以赋予大地生命的挑水者为象征，是一个空气星座。

进步而叛逆，他的存在是为了动摇秩序。水瓶座相信正义和公平，对于这位思想家来说，一切都是社会或政治的。

他相信每个行动都会有反应，同样，他的所有选择都反映了一种道德。这个星座内心叛逆，蔑视权威，很快就拒绝一切代表传统的东西。

他真的认为观点的改变会改善公共利益，他不怕在涉及社会不公的地方敲响一些钟声。

这种不寻常的生活方式激励着他周围的人，他喜欢展示你总是可以有远大的梦想。如果您在项目中遇到障碍，Aquarius 有解决方案。

水瓶座由天王星统治，天王星是掌管创新、技术和有影响力的事件的行星。

他真的很有进步的诀窍，这就是为什么他经常被称为黄道十二宫的神奇男孩。他聪明且渴望改变，总是领先于现代社会两步。他的固执是他的致命弱点。

水瓶座的坚持显然与他们强大而正义的教义有关，一旦他们能够宣布积极的变化，这种特质就会被扼杀。

由于水瓶座总是以平等为动力，他们喜欢在团队和志同道合的人的社区中工作。

水瓶座需要大量的空间来反思、形成想法和规划他们在他们所捍卫的任何事业中的角色，自由，无论是在理论上还是在实践中，对这个星座来说都非常重要。

事实上，任何挑战水瓶座自由的人都是他的对手。如你所见，让水瓶座坠入爱河是很困难的，因为他专注于社会，而不是与一个人闲聊。不过，虽然他不想承认，但他是一个热血的人，也需要亲情。

因为水瓶座不是这样的物质存在，爱情很像友谊，他喜欢跳出框框思考，所以他的约会方式是非常规的。

与其传统的约会，不如考虑适合你个人兴趣的事情，但也要记住，水瓶座认为每一个兴趣和爱好都应该反映一个人的道德规范，所以在进行任何预订之前，一定要弄清楚他们到底喜欢什么。

关于与水瓶座的浪漫，要记住的最重要的一点是，它需要大量的个人空间。独处时间对这个星座来说是必不可少的，事实上，如果他们感到被锁住了，他们就会反抗。

如有疑问，请离开并等待 Aquarius 回到您身边。请记住，虽然他很冷漠，但事实是他非常关心你，他只是有他独特的方式来表达这些感受。

水瓶座很古怪，所以他们讨厌被贴标签和分类，他们尤其喜欢那些风格非常规、外表不同的人。

他们的头高高举在天空中，这个星座在亲密关系方面以冷漠著称也就不足为奇了。

然而，虽然他往往更关心抽象而不是肉体的欲望，但不要因为水瓶座喜欢享乐，知道自己想要什么而欺骗自己。

通过转换角色、尝试隐藏的欲望和探索表达个人的新方式来刺激你的水瓶座恋人，由于水瓶座与技术有关，最新的愉悦设备会比你的幻想更能刺激他们。

虽然很难平衡他们对自由的需求和关系的需求，但当水瓶座承诺时，他们明白一切都是一场谈判。

从根本上说，他希望事情是平等的，而不是让他的偏好主导这段关系。因此，当您与 Aquarius 建立关系时，请尝试一起创建不同的参数。

请记住，不时分开并不一定意味着情感上的距离，一点点分离有助于加深爱和信任，为具体的关系奠定基础。

同样重要的是要注意，即使水瓶座以不寻常的方式表达自己的情绪，他也有感情，他会尽最大努力成为一个细心和善良的伙伴，并会依赖你的支持。

水瓶座的星座运势

今年 2025 年将对您生活的各个方面产生影响。激动人心的一年，门窗将为您的成长打开。为职业变化、人际关系变化和房屋变化做好准备。你的生活将在一年中发生 180 度大转弯。

这将是你不得不从头开始的一年。充满挑战和冒险的一年，但你的战斗精神会帮助你克服所有障碍。专注于你的抱负，你必须成长，因为这样你的银行账户也会增长。

爱情和你的浪漫关系会以积极的方式繁荣，你有很多机会去旅行，不仅可以获得知识和乐趣，还可以获得收入。

如果您厌倦了日常生活，或者您没有足够的钱，请不要担心，因为日食将在 2025 年导致您的经济领域发生变化。工作机会和房地产投资正在逼近，勇敢地让位于新的。日食会带来惊喜，你会被一个过大的日食所吸引。

尝试与世界建立联系并进行社交。水星会提高你的沟通和分析能力。您将更加了解您如何与他人沟通。你所有的话语都将充满力量，因此你必须非常小心你所说的话和你对谁说的话。反思什么是合适的要求以及您希望如何被对待。不要害怕在社交媒体上分享您的想法。

在新月期间，您会受到启发来创建或实施新项目或想法。您将有机会回顾和反思您的过去。您将学到一些重要的人生课程。

在满月期间，你会做一些自我反省，你会明白你曾经陷入的所有有毒纠葛。你必须改变你的恐惧，面对你最黑暗和最深的部分。对金融投机过于谨慎，因为虽然赌博很有趣，但有时您可能会输，而且风险可能很棘手。

双鱼座

双鱼座的象征是两条向相反方向游动的鱼，由一条无形的线连接起来，代表着它们在乌托邦与现实的十字路口的存在。

这是黄道十二宫的最后一个星座，因此双鱼座积累了十一个前星座所经历的所有教训。

它是黄道带轮上最有灵性的星座。温柔而有礼貌，但又像生活在海洋深处的标本一样粗鲁。

双鱼座的星云由海王星统治，海王星控制着创造力和梦想，以及乌托邦和逃避现实。海王星是奢华的、迷人的，但有时也可能是可怕的。

这些特性在双鱼座身上得到了密切的体现。作为一个水象星座，他具有巨大的多维深度，以及使他对他人具有诱惑力的魔力。

就像大海交替波动一样，有时它是平静的，幻想着明天，思考着它生活中的灵魂和事件，而有时，它是充满活力和暴力的，在宏伟的水流中解开它隐藏的情感。

由于大海是一种强大而危险的力量，在你开始征服双鱼座的壮举之前，请建立自己并为即将到来的全面恐惧做好准备。

双鱼座致力于他的方法，从不担心改变他的观点，事实上，他喜欢有机会欢迎新的方法和想法。

双鱼座没有恶意;他们可以拥有世界上最大的冲突，并将其从他们的脑海中完全抹去。双鱼座还帮助他人从新的角度看待生活，您可以指望他们在任何情况下都能为您提供帮助。

他总是在询问拓宽视野的新方法，双鱼座喜欢通过改变想象力的习惯来提升自己的灵性，即使这意味着在沼泽中追逐美人鱼，因为作为最后一个星座，他非常确定现实是真正的无形的。这个星座是一块情感海绵，吸引他们环境中的一切，甚至是存在于微妙层面上的东西。

凭借如此大的同理心，在双鱼座进入一段新的关系之前，他们应该花时间了解自己的真实感受，注意任何不适，以及事情是否感觉奇怪。

如果双鱼座能识别出这种紧张的来源，他们就会更容易认识到别人的感受是如何影响他们的身体的。

这可以帮助你专注于划定分界线，避免将来被别人的困难所拖累。

双鱼座是一个和蔼可亲、深情、纯洁的灵魂，梦想、音乐和爱情让她充满活力。与双鱼座约会就像潜入大洋的最深处，既令人兴奋又神秘。

双鱼座本能地流淌成非传统的人，他们随着自己的鼓点前进。然而，这并不意味着你理想的伴侣是一个被社会剥夺继承权的人。真的，双鱼座，更喜欢隶属于创新和自由社区的夫妇。

当谈到与双鱼座的约会之夜时，考虑参观歌剧、参观艺术画廊或报名参加美术工作坊。

他受到经验的影响，从根本上说是那些涉及非口头和非身体力量的经验，事实上，任何与精神双鱼座的经验都被证实涉及深刻的主观探索。

随着时间的推移，通过互动，您可以准确地研究您的伴侣可以忍受或不能忍受哪些类型的做法，但在您参与开始时，请避免任何过分的事情。这种敏锐的生物不能容忍任何粗鲁的东西。

凭借这种相当大的精神和情感个性化，与双鱼座交配是深深的感性，这种深海生物将亲密关系理解为两个崇高而正确的灵魂的联盟。

双鱼座可能会有意想不到的性行为，但选择在他们跌落到那种程度之前和他们真诚关心的人在一起。

这个敏感的星座很难创建边界，因为海中不存在边界。与双鱼座有因果关系就像去另一个星系旅行，由于它的潮汐，很难建立起一段既定的关系。

与双鱼座建立持久的关系是一门艺术，需要无所畏惧、动力和适应能力。双鱼座在他们的现实中工作，所以这个梦幻般的水象星座可能有点粗糙也就不足为奇了。

他可能会和你一起制定计划，想买房子，或者生孩子，然后过一段时间就改变主意。

这很令人失望，但不值得面对双鱼座的不诚实行为，因为他们缺乏情感框架，他们唯一的保护措施就是游泳逃跑，如果你不知道的话，双鱼座很容易在最轻微的攻击下弃船。

在一段关系中，双鱼座必须记住，伴侣的情绪必须被传达，他们可能很难承认一些他们不想听到的事情，但沟通是这段关系不丢失的关键。

如果你觉得你的双鱼座伴侣开始抽离，吸引他们的一种方法是通过音乐。

乍一看，它看起来像是一些简单的东西，但个性化的东西会抓住这条小鱼的心，并帮助你恢复对这段关系的信任。

然而，如果一段关系到了不归路，双鱼座会悄悄地孤立自己。

他不喜欢与问题作斗争，所以他喜欢的分手形式往往是模糊的，不是确定的。

双鱼座的星座运势

2025 年对双鱼座来说将是奇特的一年。你的守护星，海王星穿过你的星座，将继续塑造你的情绪和直觉，而土星将确保你过着有纪律和有条理的生活。

在新月期间，您将有机会开始您心中已久的事情、一项业务或一个项目，这可以为您带来大量利润。如果您对此充满热情，那么没有什么能阻止您。今年你可以继续做梦，但要记得要非常注意实际的事情，也就是脚踏实地。

在满月期间，您的专业领域和财务状况将因成功而受到祝福，一个项目即将起飞。这是您的特殊时刻，所以不要觉得有义务带上其他人。信任，因为你对自己来说绰绰有余，你必须活在自己的时刻。

在日食期间，你的情绪会加剧，沮丧的感觉可能会抑制你的创造力。你们的关系也可能发生变化，可能会结束，可能会出现新的关系。无论如何，您必须重组您的人际关系并找到适当的平衡。如果一段关系陷入僵局，Eclipse 可能会将其连根拔起。无论您的关系状况如何，都不要将您的恐惧投射到您的伴侣身上。你要对自己的行为负全部责任，2025 年将考验你，并教给你一些宝贵的教训。

随着逆行统治过去,在水星逆行期间,如果两者都可用,谨慎试水,旧爱可能会凭空复活。不要忘记查看第一次不起作用的原因。

您可以探索投资房产,因为您需要您的个人空间。

2025 年结婚的幸运日期：

1 月 2 日、10 日和 25 日

2 月 1 日、2 日、9 日和 26 日

3 月 5 日和 6 日

4 月 2 日、8 日和 20 日

5 月 2 日、8 日和 28 日

6 月 1 日、6 日、20 日和 22 日

7 月 2 日、3 日、10 日和 27 日

8 月 1 日、12 日和 15 日

9 月 2 日、20 日和 24 日

10 月 1 日、3 日、16 日和 25 日

2025年仪式的幸运日

一月

1月1日：元旦（精神反思、意图设定）进行精神沐浴和充满活力的清洁。

1月14日：摩羯座的新月（非常适合设定目标和奠定能量）。金钱的仪式。

1月15日：爱情仪式的完美日子。

1月25日：狮子座的满月（专注于自我表达和创造力）健康仪式。

二月

2月12日：水瓶座新月（创新和社区焦点）爱情仪式。

2月19日：练习金钱仪式。

2月24日：处女座（治愈能量、关注健康和秩序）健康仪式的满月。

三月

3月2日：双鱼座的新月（更大的直觉和情绪敏感性）健康仪式和精神沐浴。

3月6日：爱与健康的仪式。

3月14日：天秤座的满月（平衡、人际关系与和谐）3月20日：春分、光明与黑暗的平衡、重生能量）

3月21日：金钱仪式。

四月

4月1日：复活节星期日。

4月6日：白羊座的新月（新的开始、勇敢和采取行动）金钱仪式。

4月14日：天蝎座的满月（强烈的转变，放下旧模式）爱情仪式。

4月20日：日食（金牛座的新月 - 丰盛和稳定的体现）金钱仪式。

五月

5月5日：爱情仪式。

5月7日：金牛座的新月（表现的尘世和接地能量）金钱仪式。

5月14日：健康仪式。

5月23日：射手座的满月（冒险、寻找真理、扩张）仪式和充满活力的清洁。

六月

6月5日：双子座的新月（沟通、学习、好奇心）爱情仪式。

6月13日：爱的仪式。

6月21日：夏至。一年中最长的一天，庆祝丰盛和增长（异教徒、威肯、德鲁伊）。金钱仪式。

6月22日：摩羯座的满月（努力工作、纪律和目标实现）金钱仪式。

七月

7月5日巨蟹座新月（育儿、家庭、情绪健康）仪式和爱。

7月9日：健康仪式。

7月10日：水瓶座的满月（叛逆、自由和个性）。

八月

8月5日：狮子座的新月（创造力、领导力和自信）金钱仪式。

8月12日：英仙座流星雨的高峰期（欲望和表现的强大能量。任何仪式。

8月14日：双鱼座的满月（灵性、同情心和梦想）。

8月23日：月食 -（双鱼座的满月）情绪释放，更大的直觉。爱情仪式。

九月

9月5日：处女座的新月（健康、组织和清晰度）健康仪式。

9月10日：金钱仪式。

9月21日：白羊座的满月（大胆的行动、勇气、新项目的开始）爱情仪式。

9月23日：秋分。昼夜平衡，收获能量，内省（异教徒、威肯、德鲁伊）能量净化。

十月

10月5日 天秤座新月（专注于人际关系、平衡和外交）爱情仪式。

10月14日：日食 -（天秤座的新月）重新调整关系动态和内心和谐。

10月20日：健康仪式。

10月23日：金牛座的满月（关注安全、价值观和稳定性）金钱仪式

十一月

11月1日：萨满（异教徒、威肯、德鲁伊）- 尊重祖先、死亡和重生、精神交流。金钱仪式。

11月3日：天蝎座的新月（深度转变、解放和重生）。

11月12日：健康仪式。

11月19日：双子座的满月（学习、沟通和灵活性）爱情仪式。

十二月

12月5日：射手座的新月（乐观、冒险和寻求真理）金钱仪式。

12月8日：金钱仪式。

12月21日：冬至。最长的夜晚、内省、更新（异教徒、威肯、德鲁伊）金钱仪式。

12月24日：巨蟹座（情感联系、家庭和家庭）健康仪式的满月。

12月25日：圣诞节。

12月31日：期待2026年新年的仪式。

天使是光明的存在;他们的使命是帮助我们进化并保护我们免受危险。所有人都受到一位或几位天使的保护，具体取决于他们的出生日期。

您的守护天使确保您在爱情、工作和生活的其他方面取得成功。

有时候，我们深陷于如此压力重重的生活中，以至于我们忘记了我们身边有光之存有陪伴，他们正等待着我们向他们寻求帮助。当我们意识到它们的存在并决定享受它们出现在我们生活中的礼物时，我们的世界就充满了魔力。

这份 2025 年天使星座运势为您准备了许多精神信息。如果您感到迷茫，或者您想知道 2025 年的使命是什么，您可以在这里找到答案。

如果你买了这本书，那是因为宇宙正试图告诉你该做什么和去哪里。

您需要做的就是发现天使在本书中发送给您的隐藏信息。

天使已经存在了数千年，存在于不同的文化和文明中。他们具有特殊的能力，为人类的进化、变化和社会发展做出了贡献。

守护天使将在 2025 年出现在您的生活中，以保护您，加强您与精神世界的联系，并给您带来许多奇迹。

你的星座大天使

每个星座都有一个大天使导师来监督它。

到了轮回的时候，我们会选择最合适的星座来学习人生课程，这将为我们的进化提供更多的经验。

大天使帮助我们选择黄道十二宫，以实现我们灵魂的目的。

白羊座。大天使 **查缪尔**

大天使 查缪尔 的意思是"看到上帝的人",它与主动性和激情有关,这是白羊座的人的两个超级强大的品质。

这个星座不知疲倦,在他们实现目标之前不会停止。

大天使 查缪尔 赋予白羊座实现目标的决策权和热情。这位大天使也被称为 撒玛尔、查缪尔 或 骆驼,是和谐、信任、力量和多样性的天使。

这个大天使给白羊座一个自信可靠的性格。

白羊座在接受挑战时是一个外向、浮躁和热情的星座。他们不耐烦,很容易被激怒,但他们并不恶意。

大天使 查缪尔 属于 金光、火星和星期二。

大天使查缪尔给白羊座的信息是：

只有目标中的爱的能量才能赋予它持久的价值和利益。

蔷薇石英与大天使 查缪尔 的治愈能量有关，他可以通过呼唤他的名字或他的存在来使用它来治愈你的情感，因为他专门从事情感治疗。

大天使 查缪尔 监督着所有的爱的天使。当白羊座提出要求时，他们会给予他同情和爱。查缪尔 可以帮助您处理人际关系，特别是如果您有冲突、情感并发症或分手。

大天使 查缪尔 可以帮助您找到自己的灵魂或双生火焰，以及在所有需要自发交流的情况下。

茶慕1 可以帮你建立坚实健康的结构，提升你的爱的能力，让你有能力完全无条件地给予和接受爱。

查缪尔 消除自卑感，帮助您找到灵魂的目标和使命。

大天使 查缪尔 代表着面对和克服我们生活中挑战的力量。如果您不知道自己想要什么，Chamuel 将带您前往能为您带来平静的环境，帮助您抵御紧张和压力。

大天使 查缪尔 是弱者和受辱者的保护者。

正如 大天使 查缪尔 在时间的各个方向上看到的那样，即三维，他可以帮助您找到错过的东西。

如果你感到悲伤，请祈求大天使 查缪尔，他会帮助你治愈、缓解你的痛苦和你无法原谅的

要唤起或唤起与大天使 查缪尔 一起帮助治愈情感，您必须点燃粉红色蜡烛，或放置粉红色玫瑰并请求治愈。

所有大天使在地球的以太平面上都有一个专属的位置，您可以通过冥想或梦中参观他们的神殿。

大天使 查缪尔 的以太神庙位于美国密苏里州的圣路易斯。

金牛座。天使长哈尼尔

大天使哈尼尔统治着金牛座，他指的是正直、自信和实用主义的特质。

大天使哈尼尔的名字的意思是"上帝的恩典"，他是智慧的天使。

Haniel 与金星有关，并且在星期五。

金牛座是一个热爱物质享受、享受奢华和优质商品的星座。他们在许多领域都很繁荣，尤其是在金融领域。

金牛座是一个控制欲很强的星座，必须学会耐心。他们天生就倾向于稳定，但他们必须小心，不要落入物质主义的陷阱。

天使长哈尼尔也被称为 朱莉娅、阿纳菲尔 和 丹尼尔。它的颜色是橙色和白色。

这个 天使长 与白色和橙色的 Ray 有关。

哈尼尔有一种能量，激励我们寻求灵性智慧，因为他也是天体沟通的天使，他与团体能量和演讲者一起工作。

他是与月亮有关的大天使，因此他通过可视化和反复出现的梦境与我们建立联系。

大天使哈尼尔帮助转化黑暗的振动和能量，并提供保护。当我们生活中的过渡阶段出现时，他在新的开始中与我们同在。

这位大天使为我们的生活带来灵感，教授课程，并监督精神治疗和不同类型的宗教。

大天使哈尼尔找回丢失的秘密，协调人际关系，并为万物带来美丽。哈尼尔治愈嫉妒、愤怒和嫉妒。

大天使哈尼尔为您提供有关您的职业和人际关系的信息。它在你的精神之旅中帮助你，并驱使你寻求人生的目标。它驱使你审视自己，找到你个人的真相，因为通过这种方式，你可以保护自己。

大天使哈尼尔帮助您活在当下，看到现实并认识到您的才能和能力。

天使长哈尼尔提醒您，保持身心健康是您的责任。这位大天使与通过石英和精油进行治疗有关，这就是他监督顺势疗法医生的原因。这位强大的大天使拥有将悲伤转化为快乐的力量。

这位大天使与能量场的不平衡一起工作，并在情感、精神和身体层面带来治愈。

这是一个战士大天使，他帮助我们实现灵魂的目标，引导我们完成启示和异象。

当你感到困惑或沮丧时，请祈求天使长哈尼尔赐予你毅力的礼物。

双子座。大天使拉斐尔

双子座受到大天使拉斐尔的保护，这就是为什么这个星座如此适应和善于交际的原因。

拉斐尔是主要的治愈天使之一，并指导治疗师。

大天使拉斐尔（Raphael）统治着水星和星期三。

双子座的人非常聪明，他们最有价值的工具是他们的头脑。双子座是非常多才多艺的，这种态度会耗尽他们的精力，有时会导致他们神经疲惫和焦虑。

双子座的人对学习有着无法抑制的渴望，他们的头脑非常好奇。

大天使拉斐尔与绿光有关。拉斐尔的治愈能力集中在通过将阻塞转化为爱来消除阻塞。

众所周知，大天使拉斐尔是守护天使的首领，是医学的守护神，这就是为什么他也被称为知识大天使。

拉斐尔也是旅行者的守护神，不仅协助人类的精神和身体康复，还协助动物的精神和身体康复。

这个大天使拉斐尔可以帮助您培养直觉并增强您的创意可视化。它让您与自己的个人灵性相联系，让您在大自然中找到治愈。

翡翠是与大天使拉斐尔有关的治愈石英

大天使拉斐尔在您的潜意识中工作，以便您可以将自己从恐惧和黑暗中解脱出来。治愈天使团队由大天使拉斐尔领导，大天使拉斐尔和他的治愈天使的这些能量可以在医院和有不知道自己患有什么疾病的病人的情况下调用。

大天使拉斐尔（拉斐尔）将他的治疗能量集中在消除脉轮中导致疾病的阻塞并帮助消除成瘾。

拉斐尔治愈了前世的伤口，抹去了所有继承的家庭业力。

每当您或其他人患有身体疾病时，您都可以求助于大天使拉斐尔，他会直接干预并指导您进行治疗。

大天使拉斐尔提醒您，正是通过宽恕才能发生治愈，他与光的治疗师密切相关。

Rafael 确保所有必要的东西都有助于成功愈合。

呼唤大天使拉斐尔保护和指导你，他会帮助你净化你的能量和专注力。

要召唤大天使拉斐尔的治愈能力，点燃绿色或黄色蜡烛，您将立即收到结果。

大天使拉斐尔不受时间和空间的限制，能够与所有呼唤他存在的人同时存在。你寻求帮助的那一刻，他就会来到你身边。

巨蟹座 – 大天使加百列

大天使加百列保护巨蟹座。它于周一生效。

巨蟹座是一个非常善解人意和敏感的星座。他们看起来很平静，但他们很活跃。家庭是巨蟹座最重要的事情。

大天使加百列以复活天使而闻名，他是和谐与欢乐的天使。他宣布耶稣基督的诞生，并与圣女贞德交流。

大天使加百列教你通过冥想和梦想寻求天使的帮助，并照顾整个人类。

Gabriel 是心灵的大天使，当你遇到心理挑战时，你可以打电话给他，帮助你做出决定。

大天使加百列是情感和创造力的保护者。

当我们与虐待、成瘾、功能失调的家庭作斗争并拥有爱时，我们必须求助于大天使加百列。

大天使加百列为您提供灵性并提升您的精神。他提醒你要注意你周围的能量。

加布里埃尔 知道你的目标和你灵魂的使命；他的使命是帮助您了解您在这一化身中的合同义务是什么。

大天使加百列可以提高创造力、乐观情绪，转化恐惧并给你动力。

加布里埃尔 净化和提升你的生命能量，在你的生活中引导你，并通过尊重你的才能和能力来帮助你忠实地生活。

加布里埃尔 提醒您，每个人都为人类的发展做出贡献，做他们自己。他希望你坚定自己的信念。

这个大天使会帮助你了解冲突情况下的真相，它会给你更多的直觉和洞察力。

大天使加百列是一位知识天使，他与精神领袖有联系，他指导我们什么是才能，并向您展示您灵魂使命的象征，以便您能够吸引完美的联系和机会。

祈求大天使加百列来净化和净化您的身心中的消极想法。

向他寻求各种形式的交流帮助，包括说话和结交新朋友的能力。

狮子座 – 天使长米迦勒

大天使米迦勒是天军的首领，保护着狮子座。他的名字的意思是像上帝一样的人，是正义的象征。他被认为是所有大天使中最伟大的。

大天使 Michael 与 Blue Ray 一起工作，并在星期日统治。迈克尔帮助沟通，被称为天使长王子。

狮子座是一个拥有出色组织能力的星座，他们总是愿意为成功而奋斗。他们好胜心强，对亲人忠诚。

大天使迈克尔帮助您了解自己的想法和感受，并鼓励您采取行动。

Miguel 为您提供保护、自信、力量和无条件的爱。

天使长米迦勒的任务是将我们从恐惧、消极、戏剧和恐吓中解脱出来。这位大天使负责拆除所有功能失调的结构，例如腐败的治理系统和金融组织。

迈克尔是全人类的保护者，你可以呼求他来强化你，改变方向，找到你的目标。如果您觉得缺乏动力，请致电 迈克尔。

这位大天使致力于与他人的合作与和谐，专门去除能量植入物，切断使我们瘫痪的纽带。

迈克尔帮助我们在不妥协原则的情况下捍卫我们的真理，带来和平，当我们准备好抛弃旧的观念和信仰时，大天使迈克尔通过切断对我们产生消极束缚并阻止我们实现潜力的纽带来支持我们。

天使长米迦勒指导那些在职业中感到受困的人，帮助我们发现我们内心的光明，在我们面临困难情况时给予我们勇气。

让大天使迈克尔剪断将您与有害情况、人、行为模式和情绪捆绑在一起的能量绳索。

与天使长米迦勒建立联系的人强大、坚强且善解人意。

祈求天使长迈克尔来保护您的家园和家人,当我们需要力量来克服具有挑战性的冲突时,他总是会出现。

您可以在加拿大落基山脉上方的以太领域冥想或睡眠期间参观他们的寺庙。

处女座 – 大天使拉斐尔

大天使拉斐尔保护处女座，并在星期三统治。他是主要的治愈天使之一，他为第六星座提供了他的效率和分析心态的特质。

处女座总是注重细节，因为他们喜欢在做出决定之前检查所有选项。有时他们很害羞，不喜欢引起注意。

大天使拉斐尔统治着 Ray #4，绿色的光线，被称为守护天使的头部。

它有助于培养直觉，并帮助我们敞开心扉接受宇宙的治愈力量。

拉斐尔让您与自己的灵性取得联系，并让您在宇宙能量中找到治愈。

他被称为天使领域的医生，因为他有能力将他的治愈能力用于消除负面的阻塞和疾病。

拉斐尔可以被召唤来治愈我们，也可以治愈他人。Rafael 帮助治愈浪漫关系并消除成瘾。

它支持光之工作者并指导我们在生活中做出积极的改变。

要调用它，请点燃绿色蜡烛。

您可以在冥想期间参观它的寺庙，或者睡在葡萄牙法蒂玛上方的以太平面上。

天秤座 – 大天使哈尼尔

天秤座是受大天使哈尼尔保护的星座，掌管金星和星期五。

天秤座是一个公正的星座，总是在灵魂、思想和精神之间寻求平衡。

他们善于外交，保持稳定和平衡。外交是他们最突出的特点，因为他们可以看到冲突的双方，但在做决定时他们有点瘫痪。

大天使哈尼尔的意思是上帝的荣耀，他通过梦与我们相连。它为我们提供了保护与和谐。

哈尼尔 帮助我们做出积极的变化、新的开始，并鼓励过渡中的平衡。

Haniel 掌管和平，带来灵感，并帮助治愈嫉妒和嫉妒。

大天使哈尼尔激励我们活在当下，看到我们内在的现实。它鼓励我们照顾好自己，并提醒我们有责任保持身心健康。

它有能力将悲伤转化为快乐，并鼓励我们尊重自己的自然节奏。

祈求大天使哈尼尔来找到平衡，让你的意图成真，并将自己从负能量中解脱出来。

他将帮助您在重要事件中保持冷静，增强您的信心。哈尼尔增强了精神恩赐和通灵能力，并提醒我们我们是神圣的存在。

他是一位勇士天使，当你需要精神支持或情绪虚弱时，他会向他求助，他会给你决心，以及相信你直觉的能量。

天蝎座 – 大天使 **查缪尔** 和 死神

天蝎座受到大天使 Azrael 和 查缪尔 的保护。死神是一位天使，掌管冥王星，查缪尔 掌管火星和星期二。

那些受天蝎座影响的人被赋予了强大而强烈的个性。

天蝎座性格偏执，痴迷于生活中发生的事情。他们紧紧抓住属于他们的东西，拒绝不战而屈。

大天使 Azrael 的名字意思是上帝帮助谁，他统治着射线 #2，其中包含爱和智慧的振动。

死神 通常被称为死亡天使，这个名字提醒我们，死亡就是转变。

大天使 死神 的目的是帮助那些正在从身体生活过渡到精神生活的人。他拥有许多同情心和智慧，并为那些因失去亲人而悲伤的人拥有普遍的治愈能量。

大天使 Azrael 在人们的肉体死亡之前安慰他们，并确保他们在死亡过程中不会受苦，用治愈的能量包围悲伤的家人和朋友。

祈求大天使 死神 来安慰所爱的人，并将爱的信息传达到精神领域。

死神 可以帮助您以接受的方式度过悲伤的各个阶段。

死神 帮助我们的生活创造空间，让新的能量到来。

射手座 – 大天使扎基尔

射手座受到大天使 Zadkiel 的保护，他与紫光合作，统治着木星，并在星期四。

射手座天生乐观和直觉，但有时他们会越过现实的界限。

扎德基尔 的名字意为上帝的正义，但也与黑暗和惰性有关。

它帮助我们发现我们内在的神圣方面，并培养为我们的人生目标服务的能力。扎德基尔 是自由的大天使，宽恕有助于精神觉醒，赐予祝福，并赋予你洞察力。

使用紫罗兰火焰召唤大天使 扎德基尔，它将帮助您冥想和发展您的直觉。

可以援引 扎德基1 来宽恕他人。他指导慈悲天使,可以帮助您宽容和外交。

大天使 扎德基尔 和他的欢乐天使的治愈能量将永远帮助您改变过去的记忆、打破限制、消除能量阻塞并摆脱成瘾。

扎德基尔 鼓励你无所畏惧地去爱和宽恕,并提醒你无条件地爱自己和他人。

大天使 扎德基尔 是贫穷和财富及其所有表现背后的能量源泉,这就是为什么他与运气和机会联系在一起。

扎德基尔 提醒您,好运和坏运气都是每个人获得的,他相应地重视财富。

大天使 扎德基尔 负责事物的开始和结束;他可以被要求结束痛苦的情况。大天使 扎德基尔 帮助我们找到内在的勇气,为自己和他人做正确的事情。

要与大天使 扎德基尔 联系,请使用紫罗兰蜡烛或紫水晶石英。大天使扎德基尔与扬升大师圣日耳曼有关,并保护神秘主义者。

大天使 扎德基尔 和圣紫水晶在古巴岛上有他们的以太隐居地，称为净化神殿。

Zadkiel 治愈情感创伤和痛苦的回忆，提升您的自尊心，并帮助您发展天生的才能和技能。

如果你想要在冲突的情况下有更多的宽容，求助于大天使Zadkiel，他将转化所有黑暗的事物并提升你的振动。

摩羯座 – 大天使乌列

摩羯座受到大天使乌列的保护。这个大天使的意思是上帝之火，掌管着红色光芒，与光、闪电和雷有关。

Uriel 能够向我们展示如何治愈我们的生活，帮助我们理解业力的概念，并理解为什么事情会是这样的。

Uriel 与神圣的魔法、解决问题、精神理解有关，并帮助我们实现我们的潜力。

当你处理与经济和政治相关的问题时，应该调用 Uriel。您还可以调用它以获得更大的直觉。

Uriel 帮助您释放恐惧并打开神圣沟通的渠道，促进和平，帮助释放我们的强迫性行为模式，并带来实用的解决方案。

乌列可以被要求进行智力工作，并认识到我们内在的光芒。

大天使 Uriel 在波兰的塔特拉山（塔特拉山）有他的以太隐居地，你可以要求被带到那里，这样你的恐惧就可以得到治愈。

水瓶座 – 大天使乌列

水瓶座受到大天使乌列的保护，使这个星座具有人道主义的特征。

Uriel 与 红宝石雷 合作并统治天王星。

水瓶座是独立的，也是进步的。大天使 Uriel 帮助解决问题和寻找解决方案，是最强大的大天使之一。

Uriel 帮助释放体内的能量阻塞，由于他被称为救赎天使，他能够向我们展示如何治愈我们的生活，在逆境中找到祝福，将失败转化为胜利，并释放痛苦的负担。

乌列是变革、创造力和神圣秩序的天使，他管理着传教士，他是作家的守护者。他是预言和我们梦想的解释者。

他促使我们对自己的生活负责，并为我们的思想带来变革性的能量。

大天使 Uriel 被祈求清晰和直觉。他致力于在我们里面培养怜悯和怜悯的品质。它提供保护，教授无私服务，并促进合作。

大天使乌列清除了旧的恐惧，用智慧取而代之，为那些觉得自己迷失了方向并有与被遗弃和自杀有关的情绪的人提供了重要的启蒙。

大天使 Uriel 致力于消除恐惧和恢复希望，并始终寻求保护无法行使自由意志的人们的福祉。

召唤大天使 Uriel 帮助您充分发挥潜力并保护您免受嫉妒。

您可以要求在冥想期间或梦中参观他们的寺庙。

大天使 乌列 在波兰的塔特拉山（塔特拉山）有他的以太隐居地。

双鱼座 – 大天使 死神 和 扎德基尔

双鱼座受到大天使 Azrael 和大天使 Zadkiel 的保护和监督。

大天使 Azrael 掌管海王星，大天使 Zadkiel 掌管木星和星期四。扎德基尔 与 紫罗兰·雷 合作。

双鱼座往往是理想主义的，而且敏感的，他们喜欢恋爱。生活的方方面面都应该有一些浪漫。

大天使扎德基尔是紫罗兰火焰的守护者，紫罗兰火焰具有超高的振动频率。

大天使 扎德基尔 被称为理解和慈悲的天使，与黑暗、沉思和滋养有关。

扎德基尔 的使命是帮助您实现精神觉醒，赐予通过信仰设计的祝福，以增加理解力。

使用紫罗兰火焰，大天使 扎德基尔 可以帮助您冥想并提高您的通灵能力。

扎德基尔 帮助我们打开思想，给我们提供心理保护。

扎德基尔 鼓励宽容，帮助人们爱自己，并将我们与灵魂的使命联系起来。

大天使 扎德基尔 治愈我们的情感创伤，让我们自由，并激励人们怜悯他人。

与 扎德基尔 一起工作可以提高您的自尊心，并帮助您记住和发展您的天赋、能力和能力。如果您需要帮助记住具体细节和事实，请致电 扎德基尔。

求助于大天使 扎德基尔 帮助您治愈和超越您的负面情绪，并改善您的心理功能。

大天使 扎德基尔 是贫穷和财富背后的能量，以及它们的所有表现形式，所以它与机会有关。

扎德基尔不带偏见地伸张正义，但他对那些应得的人很仁慈，他对开始和结束负责，当你想结束混乱的情况时，你可以打电话给他。

大天使 扎德基尔 能够突破由愤怒和内疚引起的阻塞或卡住的能量。

扎德基尔 和神圣紫水晶在古巴岛上有他们的以太圣所。

精神向导和能量保护

天使或精神向导是我们内在保护力量的延伸。那些生物永远不会与你分离，因为你与宇宙中的任何人或任何事物都没有分离。

他们和我们，都是神圣能量意识的一部分。他们和我们的区别在于，灵性向导是与神圣源头不同的表现形式。

当您连接到您的精神向导时，您可以访问您与生俱来的保护力量。你的能量保护者可以是你的守护天使、天使、大天使、扬升大师、神、女神或特定的圣人，这取决于你的精神亲和力。

精神指南可帮助您每天连接并保持能量护盾的有效性。此外，当您的能量场减弱或动摇时，它就像一个精力充沛的保镖。

尽快与您的精神导师联系，因为他一直与您在一起，您只需要允许他，他会一直陪伴您。

我们在精神层面上都是一体的，包括天使、元素灵魂、灵魂向导和扬升大师。

当你与你的精神指导灵连接时，你正在与一个更崇高的自己连接，但这些指导灵只有在你允许他们这样做的情况下才能帮助你。

召唤你的精神向导，集中你的注意力并授予他们帮助你的权限。

过去的创伤和伤口

我们与未解决的创伤的能量绳产生的负面情绪是能量吸血鬼。

我们经历过的所有创伤经历，以及未被治愈的经历，都与我们欣赏自己、他人和我们周围环境的方式有关。

创伤有能力塑造我们的观点、感受和信念。有时，这些伤口会因降低我们的振动频率而变得根深蒂固，它们设法捕捉到验证和滋养我们的想法或信念的个体或情况。

能量自毁

当我们对自己的信念与我们的高我对我们的信念不符时，就会发生能量性自我破坏。因此，当生活为我们提供了进化、幸福和富足的机会时，我们的自我总是处于防御状态，随时准备破坏我们。

精力充沛的自我破坏往往以借口、理由和对我们以及一般生活的限制性想法的形式表现出来。当我们自我破坏时，我们不可避免地会吸引鞋带和充满活力的攻击。

当这种情况发生时，我们很容易自欺欺人，谴责他人或责怪运气不佳。

你生活中那些不得不花加点时间提供建议和帮助，但从不听从你的建议的人，是典型的能量攻击和绳索的受害者。从他们的角度来看，他们的逆境是错误决定、负面意见和限制性信念的结果。但实际上，这是他们生命早期能源污染的结果。

根深蒂固的思想的消极模式

根深蒂固的消极思维模式是未解决的创伤或我们不知道如何打破的根深蒂固的习惯的结果。这些模式会产生严重的负面情绪，降低我们的能量振动频率，并吸引能量的纽带或绳索。

没有什么比掉进负能量的陷阱更容易的了。

我们的社会奉承和赞同它。连续三天坐下来几分钟观看新闻广播，你会看到你最终是如何确信你的梦想永远不会成真，我们正处于第三次世界大战的边缘，你必须为一切吃药，地球正处于深渊的边缘。电视连续剧和电影就是一个完美的例子，说明我们生活在一个消极情绪丰富且占主导地位的世界。

当我们的身心适应了令人不安或戏剧性的情况时，我们最终会享受这种戏剧性。我们很容易陷入慢性消极情绪的陷阱。所有这些都会攻击你的能量场，降低你的振动频率。

能量净化

在选择方法时，您应该相信自己的直觉。有不同的方法可以做到这一点，具体取决于绳索的类型或能量领带。我们都是不同的，因此，每根绳索或能量键在每个能量场中的表现都不同。不要忘记使用你的直觉和你的精神导师。

性能量的能量净化

最强大的能量线之一是从关系中产生的。这种纽带很强大，因为它是情感的，并且涉及性能量的激活。在性行为中，我们与伴侣合而为一，这意味着我们继承了他们的业力。

想象一下，如果两个人中的一个，或者关系中的两个人，都与几个被他人能量严重感染的人发生性关系，那么我们所说的能量幼虫巢就会形成。在这种情况下，会产生强大的能量电荷。如果一个女人怀孕了，并且没有进行能量净化，或打破其他关系的能量绳索，那么她所化身的孩子来自最低的星光，或者说是饱和的，具有密集的能量电荷。这对他作为一个人的品质有影响。

性行为对所有身体都有影响，从身体、情感、心理，甚至精神。当两个身体走到一起时，无论是通过亲吻、拥抱，还是通过简单的触摸，都会发生能量的交换。

性能量是如此强大，以至于能量线得到了加强，即使这种关系不存在。和阴道液总是在高能体内转化为高能血浆，因此这种键不容易断裂。

这种类型的能量线能够承受时间的流逝、夫妻的分离和关系的破裂。

不幸的是，我们继续与所有与我们共享床、餐桌、身体和精力充沛的人团结在一起。

如果前伴侣讨厌我们，总是对我们看不好，或者痴迷，我们就会通过能量线接收负面的想法、诅咒、阻塞和障碍。这不仅阻碍了更好关系的形成，而且我们开始吸引精力充沛的人。也就是说，当我们被能量幼虫和寄生虫污染时，无论是我们自己的还是前伴侣的，我们都会吸引与这些相同能量频率的关系。

如果这种关系只是换，那么能量就不会上升到上脉轮，而是停滞在第二个脉轮中，只是换的能量。但是，如果这段关系中有爱的能量，能量就会上升到第四个脉轮，有时它可以上升到第七个脉轮。这意味着您的能源系统完全被污染了。

当一对夫妇将由爱和性能量形成的能量线分开时，它们往往会逐渐消失或保留，从而造成阻塞和负面事件。这些阻塞存在于我们的能量场中，它们的症状超越了物理层面，阻碍了新关系的发展，或刺激了爱情的负面情绪，以及其他情况。

有不同的方法可以消除由性能量形成的能量索。始终建议在分手后或开始新的关系之前进行充满活力的清洁。这是消除各种残余能量的唯一方法。

所**罗**门的五角星。

它们被称为所罗门的护身符，因为它们被认为是圣经中的所罗门王（公元前 1,000 年）所写的。以色列的最后一位国王。根据圣经，所罗门追求耶稣基督，他是住在地上最聪明的人物。

所罗门积累了财富、权力和智慧。这么多财富的秘密就在他的五角星和护身符里。

所罗门拥有通过智慧戒律注入的所有科学，以及天使的教诲，他毫不犹豫地服从了天使。这位天使除了智慧的恩赐外，还赐予他各种财富，赐予他所求的一切。

为什么所**罗**门的五角星如此强大?

这些符号可以说是已知的最强大的护身符。

所罗门的五角星或护身符尽管已有 3,000 多年的历史,但直到中世纪的欧洲才流行起来,从《所罗门的锁骨》一书中拯救了护身符

所罗门的护身符或印章

土星的五角星

土星的第一个五角星

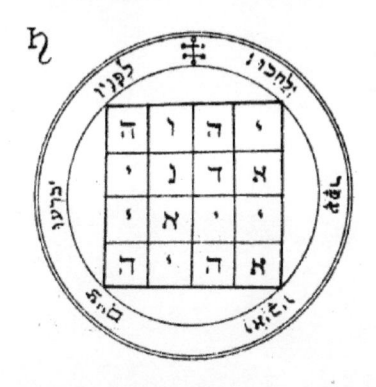

土星的第二个五角星

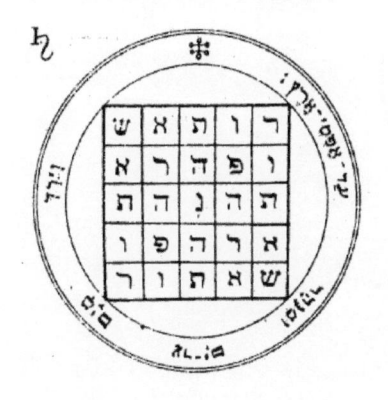

137

土星的第三五角星

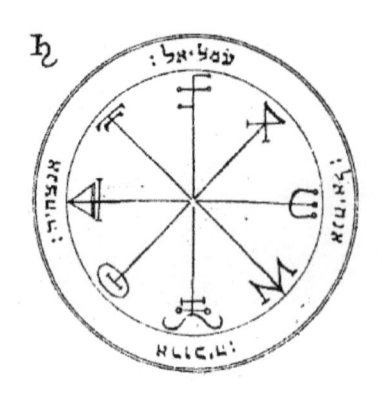

土星第四五角星

土星的第五个五角星

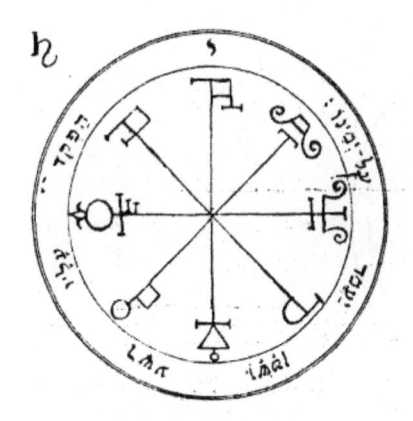

土星第六五角星

土星第七五角星

木星五角星

木星第一五角星。

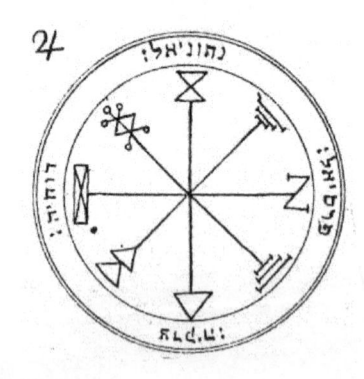

木星第二五角星。

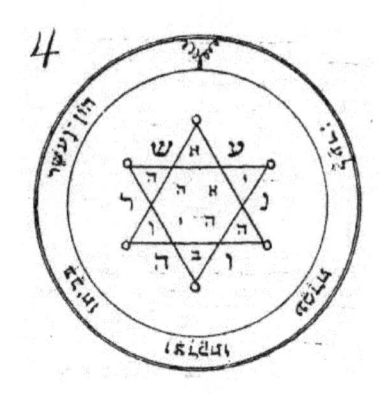

木星第三五角星。

141

木星的第四个五角星。

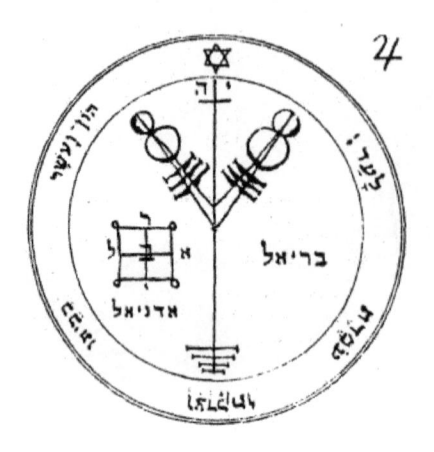

木星第五五角星。

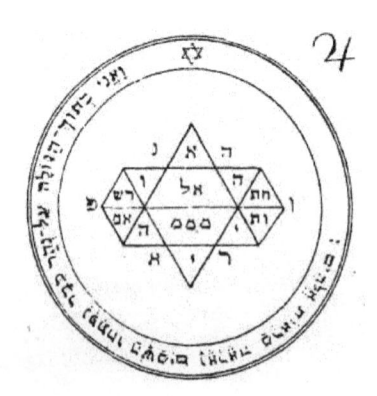

木星第六五角星。

木星第七五角星。

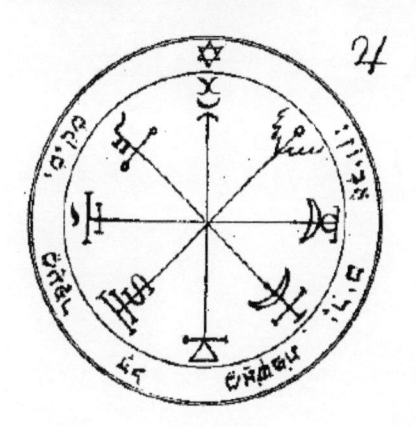

五角星

火星第一五角星

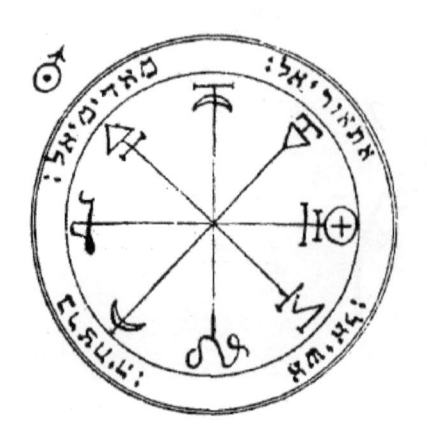

火星第二五角星。

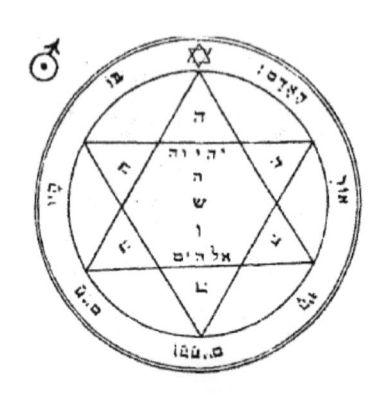

火星第三五角星。

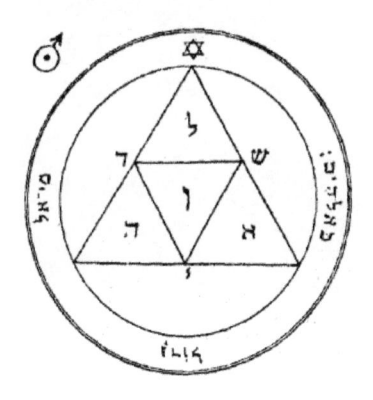

火星第四五角星。

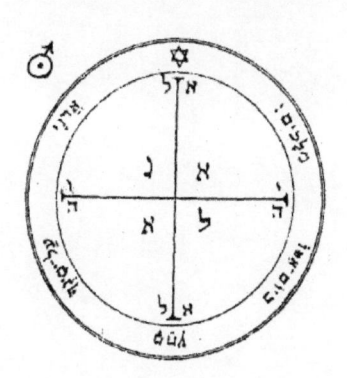

145

火星第五五角星。

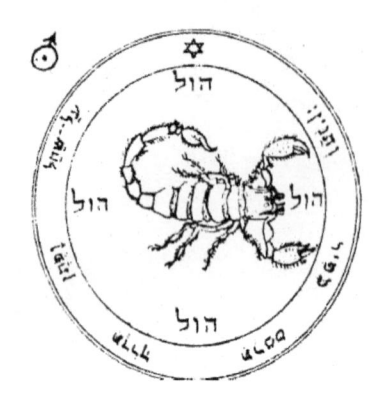

火星第六五角星。

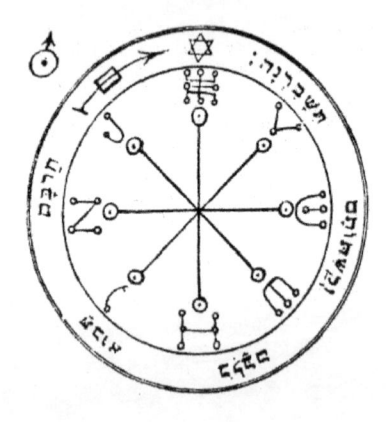

火星第七五角星。

太阳五角星

太阳的第一个五角星。

太阳的第二个五角星。

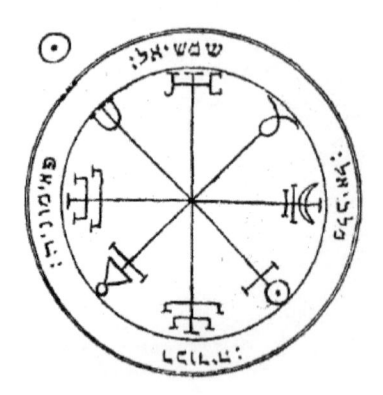

太阳的第三个五角星。

太阳的第四五角星。

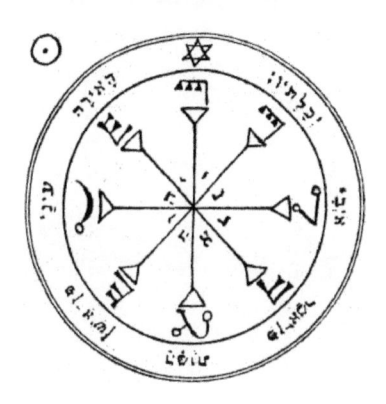

太阳的第五五角星。

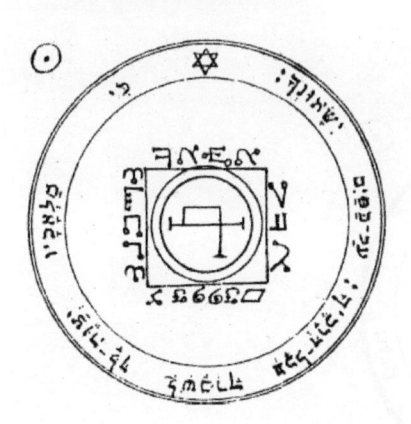

太阳的第六五角星。

太阳的第七五角星。

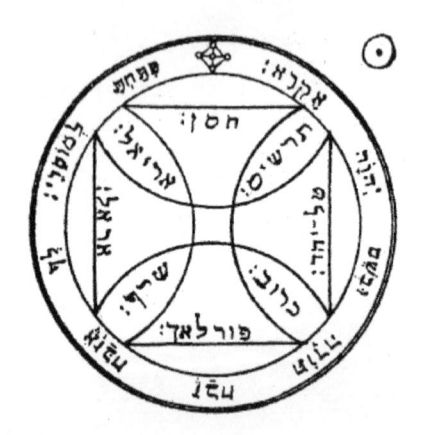

金星五角星

维纳斯第二五角星。

维纳斯第二五角星。

维纳斯的第三个五角星。

维纳斯的第四个五角星。

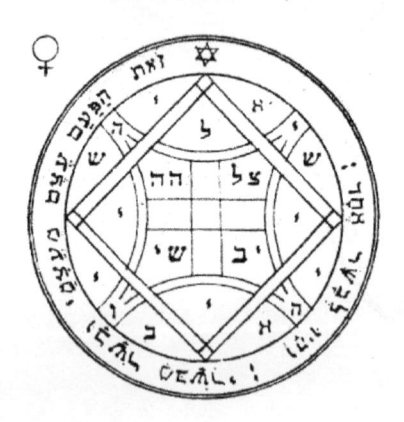

维纳斯第五五角星。

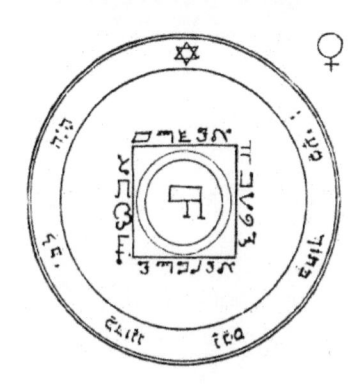

水星五角星

水星第一五角星。

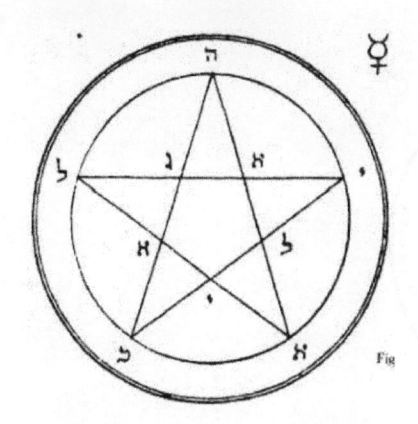

153

第二五角星。

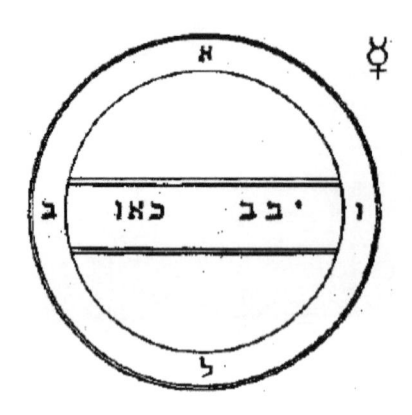

水星第三五角星。

第四个水星五角星。

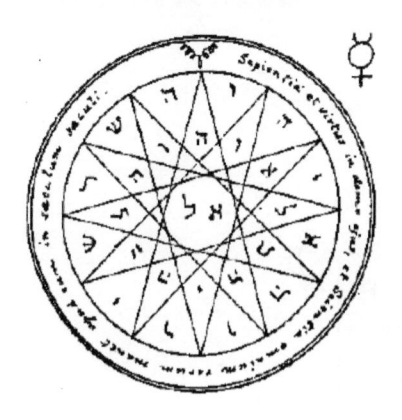

第五个水星五角星。

月亮五角星

月亮的第一个五角星

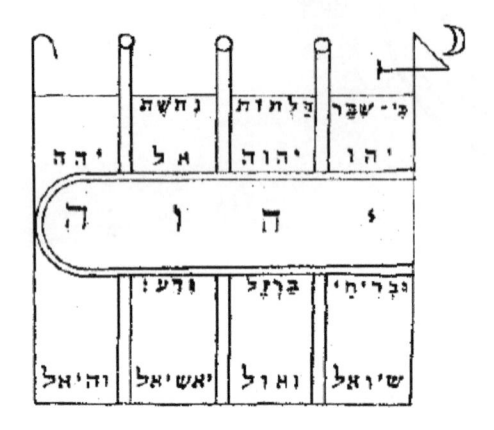

月亮的第二个五角星

月亮的第三个五角星

月亮的第四五角星

月亮的第五五角星

你星座的守护天使

很多时候，我们感到孤独，没有身体和情感上的保护。其实，即使你看不见，你的守护天使或精神导师，从你出生的那一天起，就一直陪伴着你，保护你。

在你觉得需要帮助或建议的时刻呼唤你的天使的名字，选择把你的生命交到他们手中，他们会带你走上最好的道路。

白羊座。安吉尔·安内尔

这位天使赋予白羊座坚不可摧的健康，并保护他们免受邪恶的黑暗力量，包括嫉妒。

白羊座的性格不灵活，他们很快就会绝望和生气，但他们的同情心和易感性为他们打开了所有大门。这位守护天使也被称为 Haniel 或 Ariel。她是创造力和性感的天使。它消除了夫妻的成功、爱情，并防止了心灵的痛苦。

金牛座。安赫尔·乌里尔

当您需要他时，Uriel 总是会出现在您的生活中，为您进行检查、医学研究以及当您遇到分离问题时。Uriel 将永远保护您的灵魂并启迪您的思想，以便您做出正确的决定。

双子座。安吉尔·伊亚尔

Eyael 将永远保护您免受逆境，让您免受不公正，尤其是在您工作的地方。这个天使很特别，他知道你方便与谁交往，也就是说，他会用有影响力的人围绕着你，帮助你成功。这位天使鼓励你永远看到事物的光明面，并鼓励你慷慨大方和帮助他人的愿望。

癌症。安吉尔·罗切尔

罗切尔 赋予巨蟹座出色的洞察力来发现危险，以及揭开隐藏秘密的创造力和才能。他会摧毁你所有的恐惧和你的敌人。请他给你清晰、睿智和狡猾。

狮子座。安吉尔·内尔哈伊尔

内尔哈伊尔 会驱散你的悲伤和自卑。它会照顾那些因嫉妒而诽谤你的人，它会帮助你信守承诺并承担你的责任。在他们的影响下，您日常生活中的问题将更容易应对。Nelkhael 在你最黑暗和最悲伤的时刻为你提供支持。

处女座。安吉尔·梅拉赫尔

当你调用 梅拉赫尔 时，它会将暴力从你的生活和环境中驱逐出去。这个天使将提供一种能量，可以击退你的敌人或让你隐身。它也与和谐和治愈有关。它将为您提供与宇宙联系并享受大自然秘密的方式。

天秤座。**安查**尔·耶拉特尔

耶拉特尔 为天秤座提供了大量的情报和洞察力，以便能够发现他们的敌人。这个天使为您提供清醒和反思能力，这些特征将使您能够与合适的人在一起。耶拉特尔给你正义的武器，让你变得聪明和宽容。通过召唤 耶拉特尔，您将取得成功。

蝎子。安吉尔·阿兹拉尔

阿兹拉尔，被称为死亡大天使，将把你从不公正中拯救出来，同时更新你的形象和希望。它提醒你，宇宙爱你，它会引导你走上爱、温柔与家庭和谐的道路。如果您想结识合适的伴侣以建立持久的关系并组建家庭，请调用 天使。

人马座。安吉尔·尤梅贝尔

单抗l 排斥您人际关系中的嫉妒，以及可能伤害您的感受，例如愤怒、嫉妒和仇恨。它为您提供了冷静而清晰的表达所必需的口才。他给你说服的艺术。知道如何使天平对你有利，提高你的沟通技巧，这样你就知道如何解释重要的事情。它可以帮助您在正确的时间做出正确的决定。

摩羯座。安吉尔·西塔尔

西塔尔，在自己周围筑起盾牌，整理你的生活，如果你不知道该走哪条路，想想他，你就会立刻把注意力集中在他身上。如果您想改善自己的财务状况、治愈疾病或搬家，请祈求这位天使并等待奇迹发生。

水瓶座。安吉尔·加布里埃尔

加布里埃尔，他会日复一日地战斗，这样你就可以打你的仗了。如果你因为有人想伤害你，或让你处于危险之中而需要帮助，请向这位天使寻求保护。如果你害怕有人会对你不公正，那么通过祈求这个天使，你一定会消灭你的敌人。

双鱼座。安吉尔·丹尼尔

丹尼尔将永远保护您免受疾病和身体上的痛苦，您将永远毫发无损地摆脱遇到的所有挫折和事故。

天使数字及其含义

我们在精神上不断发展,每天都有更多的人看到数字序列。这些信息来自一个更高的源头,也就是来自我们的天使或灵性向导,是为了指引你。

Los Angeles 希望引起我们的注意,并按顺序通过这些数字与我们联系。这就是他们帮助我们治愈生活的方式。

不幸的是,有些人忽略了这些迹象,认为它们是巧合,而实际上是同步的。

您的天使通过数字序列向您发送信息,他们可以非常巧妙地在您耳边耳语,以便您查看特定地点,然后您可以注意到时钟上的时间或广告上的数字。

它们向您展示有意义的物理形式的数字序列，当您在车流中停下来时，将一辆汽车放在您面前，并且具有特定的车牌。

当您注意到一个数字序列重复时，询问天使他们想告诉您什么，您会发现他们会为您提供所需的信息。观察你的想法，并确保你只考虑你想要的，而不是你不想要的。

序列中的数字具有特定的含义，这些数字具有三维信息，它们在我们的生活中指导我们。

当你学会解释这些数字时，你会觉得与天使的联系更加紧密，而这种联系是打开通往和平、希望和爱之门的钥匙。

每个数字都有与其含义直接相关的振动，天使让我们注意这些数字序列，因为他们对我们感到虔诚和爱。

当你注意到一个数字序列时，试着听听你的天使希望你做什么或知道什么。

你看到这些迹象的次数越多，它们在你的生活中出现的频率就越高。当您理解这些数字的含义并接受它们不是巧合，而是有目的的重要信息时，您将学会与您的天使交流。

这些数字序列可以是出生日期、周年纪念日、电话号码或汽车车牌。它们微妙地提醒着你，你的生活中正在发生一些神奇的事情。这取决于你去内心，倾听你的直觉，弄清楚这些信息告诉你什么，以及它们对你意味着什么。

如何**阅读**天使数字

在我们的日常生活中，数字无处不在，当我们识别并解释这些数字序列时，我们会感觉到与我们的天使有更多的联系。这种连接使我们能够与天使领域建立强大的连接。

对这些数字序列的解释是接收信息以及从您的守护天使和精神向导那里接收信息的有效方式。你应该总是使用你的直觉能力。

2025 年重要天使数

111：你应该对生活采取不那么热情的态度，并数算你的祝福。

222：你必须忠于你的精神信仰。

333：学会表达你的感受。

444：你正处于一个十字路口，你必须拥抱灵性。

555：个人的进化或身体的变化在等着你。

666：你被困在过去，需要放下它才能成功。

777：你的天使想为你鼓掌，赞美你，并鼓励你继续前进。

888：宇宙支持你的道路，希望你取得很大的成功。

808：你的天使希望你发掘新的才能，并敞开心扉接受机会。

818：突破极限，你比你想象的要强大。

999：你即将开始人生的新篇章。

1155：利用你的个人自由，成为一个更好的人。

1221：保持乐观，继续前进。伟大的胜利在等着你。

如果您经常看到您的生日

当你经常看到自己的出生日期数字时，表明你应该专注于寻找自己的人生目标和灵魂的使命。看到你的生日会提醒你为什么出生以及你来到地球上的原因。

编号序列 中的数字顺序

序列中数字的顺序有其含义。如果您看到序列中有三位数字，则中间数字是主要焦点，因为它表示消息的键。必须独立分析每个数字，然后您必须将所有数字相加，直到它们减少到1。

示例：172 的数字序列可以用不同的方式解释。必须先播放数字 7。

然后每个数字分别是 1、7 和 2。整数 172 必须相加并缩减为一位数 1 + 7 + 2 = 10（1 + 0 = 1）。

这使得数字 1 在此数字序列中具有最相关的消息。永远记住要用你的直觉来破译信息，如果你不能从人的角度理解信息也没关系，你的潜意识会理解的。

数字序列。重复 0

数字 0 与冥想有关。起点、总体和连续循环。或者是 阿尔法 和 欧米茄。

数字 0 包含所有数字的属性。Alpha 是开始，Omega 是结束。所有带有 0 的数字都让您更接近宇宙能量。

数字 0，如果重复，它的信息与精神方面有关，因为 0 代表精神旅程的开始，以及可能发生的不确定性。

当 0 重复时，它会要求您听从自己的直觉，在那里您会找到所有答案。

序列 00 与冥想有关。宇宙在强调你要注意。

000 序列 希望您确保您的思想和愿望本质上是积极的，因为这就是您将吸引到您的生活中的东西。

序列 0000 表示情况或问题已结束。

当与另一个数字结合时，数字 0 的电位会被放大，并刺激与它结合的数字的能量和振动。

数字序列。重复 1 次

数字 1 拥有新开始、个性、成功、力量和创造力的振动。

数字 1 是每个表现开始的数字。它是启动所有行动的能量，它是新项目的数量、勇气和各个层面的扩张愿望。

所有数字都可以被 1 整除。我们都是一体的，因此，我们都是相互联系的。当天使 1 号出现时，这是一个信息，让你以积极的心态分析你的想法并专注于你的愿望。

天使 1 号向我们讲述了需要决心才能实现目标的变化和新行动。这意味着一扇充满活力的门已经打开，这将迅速的将你们的想法显现为现实。

你必须选择你的想法，确保它们符合你的愿望。不要专注于恐惧，因为您可以在生活中表现出来。

数字 11 是一个主数字，它与我们灵魂的使命有关。这个数字序列的信息的本质是发展你的直觉和形而上学的能力。数字 11 代表您精神启蒙的开始。

如果数字 11 反复出现，你的天使正在要求你注意你重复的想法和想法。

当 **数字序列 111** 出现时，您应该仔细监控自己的想法，并确保只考虑您真正想要的。

1111 序列 出现在许多人面前，是一个迹象，表明有一个机会向你敞开，你的思想正在以光速显现。1111 意味着宇宙刚刚拍摄了你思想的快照，并以物质形式显现你的想法。

数字序列。重播 2

数字 2 与和平、外交、正义、利他主义与和谐的能量有关。

数字 2 是平衡、直觉和情感的振动。这是容忍数字，您经常看到它意味着您必须有信念、信心和勇气，因为您的要求表现出来。耐心是必要的，但一切都会好起来的。

大师数字 22 的精髓是掌握所有领域的潜力：精神、身体、情感和心理。数字 22 是关于平衡和新机会的。

当天使数字 22 在你的生活中重复时，它要求你在生活的各个方面都保持平衡、平和的姿态。信息是保持你的信仰。

天使编号 222 **的信息** 是，从长远来看，一切都会好起来的，所以你不应该把精力放在消极的事情上。

数字序列 2222 表示您应该通过积极肯定和可视化来继续保持积极的想法。奖励即将到来。

数字序列。重复 3 次

数字 3 与自由、灵感、创造力、成长、智慧和敏感性的振动和能量有关。

数字 3 表示能量的倾泻正在发挥作用，代表身体、情感、心理、财务和精神层面的丰富。

当天使 **数字 3** 出现非常频繁时，这意味着扬升大师离你很近。他们已经回答了你的祈祷，并希望帮助你完成你灵魂的使命。

数字 33 是一个主数字，它的信息是一切皆有可能。如果你碰巧正在考虑生活中的重大改变，数字

33 说如果你的目的和意图本质上是积极的，你的愿望就会显现出来。

数字序列 333 向您传达了一个信息，即您必须对人性有信心。扬升大师们在各个层面上工作，他们保护着你。他们将引导您前进。

3333 的数字序列 表示升天大师和天使在那一刻就在你身边，他们知道你的情况，知道最好的做事方式是什么。他们会帮助你。

数字序列。重复 4 次

数字 4 与努力工作、务实、生产力和忠诚度的能量有关。

数字 4 代表四个元素：气、火、水和土，以及四个基点：北、南、东和西。它象征着将想法付诸实践的原则，当它始终出现时，表明你的天使就在你身边。洛杉矶为您提供支持和力量，以便您可以完成工作。他们明白你正在努力实现你的目标，并会帮助你。

数字序列 44 表示天使正在支持您，并且您与天使领域有着密切的联系。

444 天使数序列**的信息**是，你没有什么可害怕的，因为一切都是它应该的样子，一切都超级好。你一直在做的事情会成功。444 的重复表示你周围都是支持你的天使。

天使数字序列 4444 表示您周围环绕着天使，他们正在守护着您并在您的日常生活中支持您。他们鼓励您继续朝着自己的目标努力。4444 是一条信息，表明您需要的帮助就在附近。

数字序列。重复 5 次

数字 5 与个人自由、个人主义、生活变化和人生教训的属性有关。

当天使**数字 5**出现时，它表明你的生活即将发生变化，但会变得更好。能量正在积聚，以迫使那些必要的转变，这些转变将出乎意料地到来，但它们会给你们带来积极的机会，把你们推向正确的方向。

55 的数字序列是来自您的天使的信息，现在是时候摆脱过去阻碍您的限制了。是时候活下去了。Number 55 宣布重大变化即将到来，如果尚未在您身边。

数字序列 555 表示您的生活中有巨大的变化等待着您。数字 555 告诉你，那些重大的转变就在这里，你有机会发现你作为一个精神存在应得的美好生活。

5555 的数字序列是你的人生即将发生重大变化的信息，

数字序列。重播 6

数字 6 象征着正直、和平、利他主义和成长。

当天使数字 6 反复出现时，它告诉我们我们有能力利用智力来取得积极的结果。当数字 6 出现时，您的天使会告诉您要平衡自己的想法，以摆脱对财务问题的怀疑或担忧。

天使编号 66 是一个信息，让您相信宇宙和您的天使，因为您对家庭和社交生活的愿望将得到实现。数字 66 的重复告诉你，让你的思想集中在实现你的目标上。

666 的数字序列 表明是时候专注于你的灵性了，这样你才能治愈生活中的任何问题。数字 666 要求您积极响应以接收和接受您需要的帮助。天使数字 666 也可以表示您的想法失衡。

数字序列 6666 一表示您的思想失衡，并且您专注于生活的物质方面。繁荣的能量正在被转移，你的焦虑是一个障碍。

天使编号 6666 要求您在精神和物质之间平衡您的思想，保持信仰并相信您的物质和情感需求会得到满足。

数字序列。重复 7

数字 7 与灵性、智慧和内在智慧的能量有关。

数字 7 是一个神秘的数字，象征着人类内心深处对精神联系的需求。

天使数字 7 表示你走在正确的道路上，你会发现事情会自由地流向你。你的工作是保持你的热情。

7 的重复代表成功和自我控制的有益时机，表明您的抱负可以实现并克服挑战。

数字序列 77 意味着您走在正确的轨道上。回报即将到来。你必须坚持自己的立场。

天使编号 777 通知您，是时候收获您的工作和努力的回报了。您的愿望一定会成真。天使编号 777 是一个积极的信号。

7777 的序列 是来自您的天使的信息，表明您走在正确的道路上，您的梦想和愿望正在您的生活中显现。这是一个非常积极的信号，意味着一路上还有更多的奇迹等着你

数字序列。重播 8

数字 8 与财富、金钱、权力、商业、投资、独立、和平和对人类的热爱有关。

天使数字 8 表示财务充裕正在进入您的生活。作为业力数，8 表示您将获得奖励。

数字 88 的重复 是让您控制财务状况的信息，并表明您的工作将得到公平的回报。

数字序列 888 表示您的人生目标得到了宇宙的支持。宇宙很慷慨，想奖励你，所以财务繁荣会来到你的生活。它也可以表明您正在完成人生中的某个阶段。

编号 8888 表示隧道尽头有光明，是让您享受劳动成果的信息。

数字序列。重播 9

数字 9 与智慧、同情心和直觉的振动有关。

当天使 9 号出现时，这是一个信息，即你的人生目标和灵魂的使命是通过你的才能和激情提供服务。它表明您生活中的某个阶段或关系即将结束。 **99 的数字序列** 是一个信息，让您记住在各个层面上过上积极和成功的生活。

数字 999 表示世界需要你发挥你的才能，你是一名光之工作者，天使要求你发挥自己的潜力。

数字序列 9999 是给地球上光明大使的人们的信息，让他们的光芒保持明亮。

天使之光

天使的光芒是宇宙之源的辐射，象征着它的美德。每条光线都有特定的色调。

天使之光是非常有价值的工具，也存在于我们体内。通过祈求它们，天使通过增强它们来帮助我们。

蓝光

它与大天使迈克尔有关。他是唯一被授权直接面对邪恶势力的大天使。这道光束创造了一个保护盔甲，保护我们免受邪恶的侵害。迈克尔用他的剑砍断了任何束缚、黑魔法或巫术。

蓝色的天使光芒赋予您力量、信心、主动性和决心，以实现您的目标和梦想。它是推动您采取行动、承担和获胜的闪电。这道天使般的光芒使你成为战士、创造者和赢家。它是所有闪电中最强大的

主动光束。它是启动一切存在的那一位，从宇宙的创造到现实的显现

这道天使般的光芒代表着神圣的意志和目的。它是将你与你的本质、你灵魂的使命和你的命运联系起来的光线。

这道光芒象征着上帝的旨意。力量、信仰、善良、幸福、平衡与和平。

工作日：星期日

黄色或金色光线

这道天使般的光芒与大天使约菲尔相连，为我们提供智慧、学习、开放的思想、知识、神圣的智慧和启蒙。

这道金色的天使光芒给你爱、同情心、直觉和智慧，让你理解所有存在的真理和美丽。它是激发学习、教学、分享和成长的光芒。这道光芒使你成为老师，成为开悟的治疗师。它是所有光线中最容易

接受的光线，因为它渗透到存在的一切事物中，从太阳的光到我们灵魂的光。它象征着神圣的思想、神圣的智慧和智慧。它是连接心灵、灵魂和精神的光线。

当我们需要学习以更快地吸收信息时，这个天使般的光线会帮助我们。它帮助我们摆脱成瘾，消除骄傲和狭隘。它象征着智慧、智慧、启蒙与和平。

星期几：星期一

粉红光

这道天使之光与大天使 Chamuel 相连，帮助我们摆脱冲突，带来和谐、各种形式的爱，增加我们的自尊，并保护我们免受嫉妒。它还有助于我们解决与经济福祉相关的问题，因为它使我们能够找到新的机会。

这粉红色的天使光芒是宇宙中最强大的力量，因为它是神圣的爱。它是主动智能的光芒;它是用你的头脑创造现实的能力。第三道光芒是美丽与和谐的光芒。

它代表神圣的爱、繁荣、美丽与和平。

星期几：星期二

白光

这道天使般的光芒与大天使加百列相连，帮助我们怀有希望，稳定情绪，唤醒意识。它象征着纯洁、艺术、和平、复活和精神进化。这个天使般的光线通过冲突给你带来和谐，因为它有能力解决你生活中发生的紧张和不平衡。冲突在我们的存在中是不可避免的，但它是成长、学习和改变自我的机会。这道天使般的光线是纯洁、统一和合成的光线，因为白色包含光谱的所有颜色。白色代表神圣的光芒，是所有生命的源泉。白色可以帮助你整合你存在的所有阴影。

工作日：星期三

绿光

这道天使般的光芒与大天使拉斐尔相连，是一道慈悲和治愈的光芒。大天使拉斐尔是天堂的医生，每当我们需要治愈时，他和他的光芒都会帮助我们。它代表真理、健康、治愈、音乐、奉献、专注与和平。

这道天使般的光芒给你知识，发现真理的能力，逻辑和分析，让你学习和理解。

这是真理和准确性的曙光。它是好奇心和智慧的天使之光。它总是激发你的好奇心和洞察力。绿色的光线代表着平衡、和谐与和平。

星期几：星期四

Ray Oro 和 Ruby

这道天使般的光芒与大天使乌列相连，赋予和平、和谐、繁荣，和平解决个人、社会和职业冲突，并帮助所有为他人服务的人。它象征着物质供应、和平，帮助我们以信仰追随我们的梦想、我们的价值观、我们的信仰和我们的目标。

星期几：星期五

紫罗兰·雷

这道天使之光与大天使扎德基尔相连，是嬗变之光，它帮助我们用爱和宽恕释放停滞的能量，它赋予克服恐惧、焦虑的力量，并激励我们拥有更大的宽容。它象征着宽恕、怜悯与和平。这道天使般的光芒帮助我们平衡业力，从能量绳索中解脱出来，在紫罗兰火焰的帮助下进行仪式并将我们的欲望具体化。

星期几： 星期六

与 七道光芒 连接的好**处**

与七道光芒相连不仅在身体上,而且在精神上、情感上和精神上都带来了许多好处。这些好处包括改善您的健康,因为通过与射线连接,您可以治愈或预防疾病,增强免疫系统,使细胞恢复活力并增加活力。当您使用天使之光时,您可以增加内心的平静,放松身体,平静心灵,平衡情绪,协调能量,达到宁静状态。您还可以通过与七道光芒连接来增加您的财富,因为您吸引富足、创造财富、增加机会并扩大您的资源。

这些天使之光可帮助您改善财务状况、提高满意度、成就感、人际关系、家庭关系以及与朋友的关系。

天使之光法令

天使之光的命令被大声或心灵说出，带着信仰和信念，以唤起七道神圣光芒的力量。

这些法令有助于改变你的命运，因为它们让你的意志与神圣的意志保持一致，将自己从业力的束缚中解放出来，增强你的美德，克服障碍，实现你的目标。

天使之光通过吸引力法则和业力法则来运作。当你做这些事情时，你必须清晰而真诚地表达你的目的和意图。

首先观想你所召唤的天使光芒的颜色，包围着你，感受它在整个你生命中的振动。

呼吸天使光芒的颜色，让它流经您的身体、思想和灵魂。当你完成时，不要忘记感谢你祈求的光芒，感谢它的帮助、指导和祝福。

第一天使之光的法令（**蓝色**）

- 我是行动中的神圣意志。
- 我是神圣的力量。
- 我是完美的神圣正义。
- 我被证实是神圣的勇气。
- 我确信自己会得到神圣的胜利。

第二天使雷法令（黄色）

- 我是神圣的智慧。
- 我是神圣的启蒙者。
- 我是神圣的真理。
- 我是神圣的慈悲。
- 我是神圣的慷慨。
- 我是神圣的谦卑。
- 我是神圣的直觉。

第三天使之光的法令（粉**红**色）

- 我是神圣的爱。
- 我是神圣的表达。
- 我是神圣的美丽。
- 我是神圣的和谐。
- 我是神圣的沟通。
- 我是神圣的喜乐。
- 我是神圣的解决方案。

第四天使之光的法令（白色）

- 我是神圣的和谐。
- 我是神圣的转变。
- 我是神圣的完美。
- 我是神圣的自由。
- 我是神圣的魔法。
- 我是神圣的灵感。
- 我是神圣的创新。

第五天使之光的法令（**绿色**）

- 我是神圣的知识。
- 我是神圣的科学。
- 我是神圣的真理。
- 我是神圣的精确。
- 我是神圣的逻辑。

第六天使光芒（**红**宝石）的法令

- 我是神圣的奉献。
- 我是神圣的信仰。
- 我是神圣的希望。
- 我是神圣的救赎。
- 我是神圣的善良。
- 我是神圣的慈悲。
- 我是神圣的牺牲。
- 我是神圣的臣服。
- 我是神圣的臣服。

第七天使光芒（紫罗兰）的法令

- 我是神圣的嬗变。
- 我是神圣的解放。
- 我是神圣的恩典。
- 我是神圣的自由。
- 我是神圣的秩序。
- 我是神圣的正义。
- 我是神圣的显现。

在 2025 年，您必须使用所有这些法令，以便您能够克服即将到来的所有具有挑战性的变化。这些天使般的光芒是一种工具，可以帮助您将自己的意志与神圣的意志保持一致，它们将帮助您摆脱业力的束缚，增强您的美德，它们将成为您克服障碍和实现愿望的关键。

2025 年的意义

2025 是一个复数。这是一个多面的数字，其特点是周期性更新的能量，这增加了 2025 年自然的变化和过渡感。

天使数字 2025 是数字 2 和 0 的能量和振动的组合。数字 5 与变化、多功能性和适应性有关。数字 2 代表外交、合作、平衡与和谐，数字 0 代表无限的潜力和精神发展。

天使数字 2025 中这些数字的重复意味着在我们生活的各个方面找到平衡与和谐的重要性，同时与我们的精神道路保持联系。

数字 2025 具有强烈的天使意义，因为数字 0 象征着精神觉醒，提醒我们与更高的自我保持联系，并相信宇宙为我们设定的命运。

这个数字 2025 象征着生与死永无止境的轮回。

数字 2 与平衡与和谐有关，引导我们找到内心的平静并保持精神专注。

这个 Universal Year 9 标志着一个结束，它在政治、经济和社会上都可能具有挑战性。数字 9 与人性和伟大事业有关，它给了我们希望，一些开明的头脑会走上一条令人信服的和平之路。

9 是从 1 到 9 的最后一位数字，标志着嬗变、一个周期的完成和新周期的开始。

在个人层面上，今年就像一面镜子，挑战我们的确定性，鼓励我们重新评估我们的优先事项和行动的影响。

2025 年具有独特的振动，这将是一个过渡和成长的时期，会带来更强大、更充实的自己。

今年，在数字 9 的影响下，可以看作是盘点过去成就的关键时期。现在是开展重要项目的好时机。这是一种结论和利他主义的能量，也是迈向新周期的一步。在集体层面，它可以转化为旨在全球进步的大规模行动、社会变革或集体运动。请你的天使在这个过程中陪伴你。

2025 年的天使色彩

我们周围的颜色，以及我们选择装饰生活的颜色都有意义，特定的振动以不同的方式影响我们。

所有颜色都会影响我们的情绪和感受。这就是为什么颜色被用于治疗疾病、保护、吸引灵魂伴侣和提升精神的原因。

颜色对人类思想的影响，以及使用它们来表达情感和情境的能力，自史前时代以来就被使用。因此，颜色的重要性对于我们物种的延续和生存至关重要。

颜色的含义可以在情感和精神层面上表达。在情感层面上，我们感受到颜色对神经系统的影响。不同的颜色唤起不同的感觉。颜色可以引起行动、平静、焦虑或安宁，这就是为什么我们的情绪会受到我们为衣服和环境选择的颜色的影响。

白羊座

红

红色是一种强烈的颜色，可以唤起强烈的情感。它与勇气、力量、爱和性有关。

由于它能够吸引人，因为它具有引人注目和有吸引力的品质，因此它被用来吸引注意力。

红色代表行动和激情；是浪漫的理想颜色。男性更容易被穿红色的女人所吸引。

红色象征着繁荣，它与富足有关。充满惊喜和乐趣的新一年的理想颜色。

红色会吸引好运，所以你应该把红色融入你的衣服，以及你家的所有装饰中。

红色是不同文化的庆祝活动和仪式的关键元素。

金牛座

蓝

舒缓祥和的颜色。它与水、海和天空等元素有关。

蓝色是办公室的绝佳选择，因为它可以让您在尝试工作时不会走神。

蓝色让人联想到和平。这种颜色会给你带来今年需要的安心，所以充满了承诺和责任。

您应该用一点这种色调来陪伴您的日子，因为这将帮助您减轻压力、增强健康并保持专注。

蓝色与真理有关，它与直觉有关，也与以不同的方式看待世界的想法有关。

这种颜色会帮助你保持平静，沟通和获得精神上的和谐。

双子座

橙

一种存在于自然界、水果和迷人日落中的颜色。

橙色是一种散发温暖的颜色。
这是一种唤起热情、激情和自信的颜色。它与幸福、创造力和活力有关。

橙色是一种非常好的颜色,适合可能存在害羞问题的情况。它将帮助您克服障碍和挑战,因为它会向您灌输勇气和决心。

这种颜色将帮助您创建新的键。这种色调可以驱除负能量,帮助您从其他人中脱颖而出。
这种颜色充满活力和醒目的存在会让您有信心表达自己的情感和想法。

癌症

紫色

紫色是一种非常强大和强烈的颜色。

人们对紫色的反应比你想象的要大。这种颜色将帮助您保持爱和善良。

紫色与皇室、财富和魔法有关。这是一种非常强大的颜色。

紫色激发创造力、灵性和独立性。

这种雄伟的语气也会对你的听众产生平静的作用，人们看到你时会感到更平静。

如果你的工作压力很大，紫色是一种很棒的颜色，因为它可以减少烦躁。它是一种提供稳定性和能量的颜色。

它与智慧和创造力有关,它也会让你吸收好的能量、运气和富足。

狮子座

黄色

黄色象征着幸福，它使人充满活力。

黄色是那种能够让您的家充满能量的颜色。

它是赋予空间生命的最明亮的颜色之一。

这种颜色会让你感到非常快乐、有创意和活跃。

在 2025 年期间，您应该每天都使用这种语气，因为它将帮助您忠于自己，并与自己的感激和喜悦之情保持联系。

这是一种完美的颜色，会让你散发出正能量。这种颜色会照亮你的思想和精神，让你乐观。

黄色刺激神经系统并促进决策。此外，它还可以提高注意力和生产力。

在您的晚装和配饰中使用它，因为这种颜色会彰显风格并增添一丝俏皮感。

处女座

绿

绿色让我们想起了大自然、植物、树木、田野和让我们感到平静祥和的地方。

深色调的绿色代表着希望，以及对新开始的承诺。

绿色唤起了一种平衡感。您应该将绿色融入您的衣服或家居装饰中，以在 2025 年新的一年营造一种清新和焕然一新的感觉。

在您的办公室添加这种颜色的流行元素，因为它有助于缓解焦虑和减少抑郁。

绿色也让人感觉健康和强壮，因为它是休息、工作和日常幸福之间平衡的代名词。

这种颜色会给你带来心理稳定、放松和自爱。

在家居装饰中使用这种颜色的最简单方法是使用植物。

磅

黑

一种与优雅和死亡相关的颜色。

黑色是一种强大的颜色。几个世纪以来，它是一种独特的颜色，只有贵族才能穿得起黑色。黑色代表权威，这就是为什么它出现在某些专业人士的服装中，无论是作为制服还是作为仪式的服装。

黑色优雅精致。它代表着严肃、正式和力量。它也象征着叛逆，是性感的颜色。

在古埃及，黑色象征着富足、肥沃和成长。在日本，它代表着美丽和智慧。

黑色是确定的颜色。**它是**神秘的象征，其传达独特性的能力使其成为高级时装产品的完美选择。

蝎子

白

白色是纯洁的颜色,是新的开始,是有待书写的一页。它与宁静、和平、优雅和完美有关。这种颜色存在于雪、云和海浪中。

白色激发了清晰的思想、诚实和可见性。

这是最简单的颜色放在你的家里,它也吸引了良好的能量,因此,丰富和金钱。

白色墙壁是最常见的选择,但最好将其添加到家具中,例如架子或展示柜。这种颜色在房子的任何角落都很好看,并且可以与其他颜色完美结合。

白色是神圣的,它用于宗教仪式和仪式。

人马座

银

银色象征着月亮在我们生活中的存在。在占星术中，月亮象征着母亲的形象。它具有保护作用并提供和谐。

这种颜色将是射手座的重要盟友，因为它可以让他们与自己的敏感度建立联系。

这种颜色代表工作场所的成功。它是专业精神和承诺的代名词。这种颜色通常会传递积极的信息并产生健康的情绪。

银色与纯洁、纯真、真理、正义和公平有关。

这种颜色将帮助您促进和谐并克服心理障碍。

它象征着富足和成长。

摩羯座

粉红色

这种颜色象征着情感，而且它以一种令人放心的方式做到这一点。它具有保护作用，驱散负能量，并有助于拥有清晰的思想。

粉红色与心灵的开放、与精神世界的联系以及精神的提升有关。它还与纯度和进化的潜力有关。

您可以将这种颜色添加到您的衣服或家居装饰中，使其具有一丝柔和和优雅。

粉红色是永恒青春的象征，它表达了纯真、爱和完全臣服。

粉红色是希望的象征，它是一种积极的颜色，可以传递未来的安全和乐观。一种减弱侵略性的颜色。

瓶座

金

一种象征着富足、财富和权力的颜色。它不仅有利于经济，还有利于同理心、沟通和目标实现。

金色不仅仅象征着物质财富。它是精神纯洁的象征。

黄金可以振兴心灵，给予灵感，驱散恐惧。它有利于沟通。

在古埃及，它是法老只使用的颜色，因为它象征着精神之光、生命和重生。

金色非常适合对抗抑郁症和平衡心灵。

这种颜色会给你带来财富、富足、繁荣、好运和成功。

双鱼座

棕色

棕色是一种能够提供稳定性和抵御不安全感的颜色。它让我们更接近生命、地球和自然的循环。
这种颜色将帮助您对抗逆境并保持脚踏实地。

棕色传递安全感,它是韧性和寻求情绪稳定的颜色。这种颜色会产生一种熟悉感并唤起宁静。
在您的家中,您可以使用它来创造舒适的环境。

棕色象征安全和恒久。这种颜色可以帮助您在这一年中找到幸福感并在日常生活中感觉更好。

在你的衣服上使用它会帮助你传达自信和可信的形象,因为它会为你的个性注入魅力。

大天使的**颜色**

红色：这是第一道射线，与大天使迈克尔和扬升大师艾尔莫利亚有关。

黄色：它是第二道射线，与大天使约菲尔有关。

罗莎：是第三道光芒，与大天使查缪尔和扬升大师塞拉皮斯贝有关。

绿色：它是第四道光芒，与大天使加百列和威尼斯人保罗有关。

橙色：它是第五道光芒，与大天使拉斐尔和希拉里奥大师有关。

靛蓝：它是第六道光芒，与大天使乌列和耶稣基督有关。

紫罗兰：它是第七道光芒，与大天使 Zadkiel 和圣日耳曼有关。

白色：它与所有的光芒以及大天使加百列和威尼斯人保罗有关。

2025 年星座的天使预言

白羊座的预测

2025 年预示着天使将帮助您加强、改变或实现您的梦想。如果您想改变现实并超越自己，这些天使将为您指明前进的道路。

天使们用他们的神圣能量围绕着你，将这些美德传递给你。与他们一起，您将实现精神的转变，改变您的命运并找到实现梦想的道路。

在你的灵魂中播种并培养它们。与他们一起，您将在生活的各个方面成长、加强和进步。为了实现你的目标，你需要一个彻底的转变。随着时间的推移，你会注意到你已经克服了所有阻碍你前进的障碍，但你将不得不付出努力，带着耐心和奉献精神去工作。这取决于你;您将决定您向往的未来。天使将引导您获得快乐所需的幸福和内心的平静。这是内向的一年，分析你的行为、不安全感、不确定性或怀疑只会掩盖你的感受。

以你所有的激情和热情享受当下，你必须恢复你的活力。

承认自己的感受，敢于，并表达自己的情绪，相信自己。很快你就会感觉到，从你内心深处升起了内在的平静和喜悦，这将平衡你的感受。

学会谨慎和耐心地对待你的邻居，懂得倾听是为他人的幸福做出贡献的健康方式，这就是慷慨的含义，奉献自己，帮助，信任他人会让你成为一个更好的人，给你智慧，让你充满快乐。

对 金牛座 的 **预测**

今年 2025 年，让自己沉浸在守护天使传递给您的至高能量中。他给你提升精神所需的力量。勇气将支配你的恐惧，有了它，你将面对所有阻碍你成功的障碍。勇敢不是没有恐惧的人，而是有意愿克服恐惧的人。

请记住，悲伤是上天的礼物，但悲观是精神的疾病，所以从今年开始要乐观。您会发现您的生活发生了变化，您的项目也得以实现。享受您生命中的每一分钟。

感受到深深的保护，你的大天使为你注入了他强大的能量，相信他会降临，让你的土壤成真。他会安慰你。

你的守护天使会将丰盛的能量引导到你的生活中，它是精神和尘世恩典的提供者。您的天使将帮助您快速做出改变。你会有好运和你应得的财富。

今年你必须与你的精神层面建立联系，能量将流向对你有利的方面，天使鼓励你相信自己的直觉。2025年带来了踏上符合您目标的新道路的机会，这是追随灵魂冲动的理想一年。

对 双子座 的 预测

今年，你的天使用他的神圣能量围绕着你，将这些美德传递给你。凭借这些能量，您将实现精神的转变，改变您的命运并找到实现梦想的道路。

在你的灵魂中播种并培养它们。与他们一起，您将在生活的各个方面成长、加强和进步。为了实现你的目标，你需要一个彻底的转变。

随着时间的推移，你会注意到你已经克服了所有阻碍你前进的障碍，但你将不得不付出努力，带着耐心和奉献精神去工作。这取决于你;您将决定您向往的未来。

反思之年已经到来。记得原谅。生活是不断学习的，您将不得不利用它来打造自己的未来。

学会谨慎和耐心地对待你的邻居，懂得倾听是为他人的幸福做出贡献的健康方式，这就是慷慨的含义，奉献自己，帮助，信任他人会让你成为一个更好的人，给你智慧，让你充满快乐。你的天使给你提升精神所需的力量。勇气将支配你的恐惧,有了它,你将面对所有阻碍你成功的障碍。

癌症**预测**

你的天使会驱散你心中使你软弱的黑暗。他会通过为您带来开放的思想和面对新体验的勇气来帮助您。

它将与那些心怀不轨的人作斗争，它将帮助您打开新的思维方式，并有勇气面对阻碍您获得幸福的障碍。

专注于与周围的人保持良好的关系，您是他们的宝贵支持。最近你有一种倾向，把你的想法藏在心里，不幸的是，这种行为会给你带来麻烦。你必须鼓起勇气告诉别人你心里想的，即使时机并不理想。事实是好的，所以不要再试图逃避它了。

你有一种无法抑制的愿望来实现你设定的目标;您的天使在这里确保这些目标不会因消极冲动而受阻。你有力量和个人控制权来做最好的事情，相信你的天使会帮助你度过任何糟糕的时刻。

这是放下旧伤的一年，让爱和同情的能量流入你的生活。

对狮子座的预测

天使告诉你,你目前陷入了僵局。你的心因为你做了什么,或者别人对你做了什么而关闭了。你的天使会帮助你掌控自己的生活。

你的天使会给你的灵魂注入正能量,这样你就可以面对你的恶魔。如果您对某人造成了伤害,您可能希望尽一切可能修复您造成的损害。

如果你是受到伤害的人,你的天使会帮助你请求宽恕。这样,双方都将重新站稳脚跟。

你内心有克服逆境的力量。你的天使可以给你能量,让你用你最好的礼物来帮助自己和他人。

忠于自己,不要让外界打倒你。相信自己,为生活中的关键问题找到一个幸福的结局,并更加宁静。

你经常害怕别人的嫉妒,你可能会让你的生活变得复杂,与嫉妒和报复心强的人在一起。

您必须寻求头脑清晰并学会更有效地沟通。

对处女座的预测

这是值得纪念的一年，以新的开始为标志，您的直觉和自信相结合，帮助您进入人生的新篇章。您的家庭和家人可能参与其中。

今年是你进行情绪和身体健康改造的一年。欢迎新的和令人兴奋的生活方式改变。倾听自己的心声，以积极的方式使用你的想法，并加强。

你以不同的眼光看待自己的生活。你的热情可以感染人，激励他人。你可以找到依靠自己的资源的情感力量。随着你向前迈进，你会发现新的活力，一种减轻负担的感觉，以及一种美妙的感觉，即你生活中的新插曲即将从零开始。

今年的一个弱点是你对真理或正确事物的微妙相对性的看法。所以，有时候，你倾向于用一半的真相来实现你的目标，认为无论如何目的都证明了手段是合理的。深入观察你自己，以确定真理的概念对你来说真正代表什么。

对磅的预测

是时候看看你和你家人的情感需求了，你所爱的人今年可能看起来不理性。你自己对家和家人的感受也会发生同样的事情，但你必须面对它们，因为如果你把它们装进瓶子里，它们会以奇怪的方式爆发。

房子在哪里？您的家人是谁？您属于哪里？您需要什么才能在家中感到安全？

反思正在产生的感受并采取深思熟虑的行动。您的家可能需要进行更改，新人可能会成为您家的一部分。伸出援手，治愈过去的创伤，并建立温暖和充满爱意的沟通渠道。

"改变"是今年的关键词。你可能焦躁不安，急于改变你的生活，或者焦躁不安，担心即将到来的差异。你会得到变化的消息，或者你可能会在权衡利弊后自己采取行动。放飞自我，在你能行动的时候采取行动，并寻求尽可能多的支持。

尽可能避免冲突。诚信行事，而不是侵略性。如果您感到压抑和攻击性，体育锻炼是有益的。您还可以享受前往偏僻地方的旅行。您已准备好迎接今年的冒险，充分利用机会，尽情享受。

对天蝎座的预测

今年 2025 年，如果你结婚了，你可以体验到一种新的爱的感觉。如果你是单身，你可以遇到某人，坠入爱河并享受一段可以导致承诺的求爱期。

今年，你的独立性、力量和活力都在增长，并轻松尝试新事物。你渴望直面生活。你的天使提醒你，如果你快乐健康，做出前瞻性的决定并实现你的个人目标，你就在朝着正确的方向前进。

您将自信地迎接新机遇的挑战，这些机遇需要主动性和一点风险。如果你感到愤怒和怨恨，那是因为有人挡住了你的去路。

你可以改变你的职业道路，但不能一蹴而就。学习课程或考试可以使您以后的职业生涯受益。

今年是进行良心省察、深入研究悬而未决问题的解决方案并享受新成就带来的挑战的绝佳一年。

如果您在投资或业务上偷工减料，您将付出后果。分居或离婚会改变您的财务状况。

对射手座的预测

今年，植根于过去的情绪问题可能会导致您感到压抑。你也可能比平时更敏感一点，在没有侮辱的地方看到侮辱。抑制被冒犯的冲动。尝试面对并释放旧问题，或者至少承诺解决它们。

今年幸福会降临到你身边，但你应该知道，要保持它，你必须穿越许多曲折的道路。你的天使陪伴你，会给你智慧来克服任何障碍。无论他们给您带来什么挑战。您的决心、创造力和智慧将帮助您前进。

您努力实现自己的目标，今年您必须努力工作，以便未来继续成功。放弃为你的目标而战不是一种选择。你很聪明，你不应该让别人切断你通往幸福的道路。天使引导你，用他们的神圣之光覆盖你。

敞开心扉谦卑，让你感受到爱的力量。不要让不幸让你充满仇恨，因为这会切断你进步的道路。

你必须对新的变化敞开心扉,放下坏的想法,这样你才能从爱中前进。

对摩羯座的预测

你将面临生活中的剧烈变化，但你必须有前进的坚定意志。

天使有能力帮助你克服所有障碍的耐心和宽容。梦想不会神奇地成真;你需要决心和努力工作。你有力量继续前进。做出坚定的决定，保护你的天使会在你身边指导你。

改变你的态度，记住发生的一切都是为了让你更强大。以不断学习的技能来执行你的知识，这样雨水祝福就会降临到你身上。

在你的心中寻找理解，以帮助那些在你身边度过困难时期的人。

从您的生活中消除消极或有毒的人，并优先考虑您的心理健康。抛开过去，开始新的生活周期，让您享受应得的一切。

学会看到问题的积极一面,当某些事件发生时,它们会帮助我们了解我们正在走的道路不是正确的。寻找你犯错误的地方,以便纠正它们。

对 水瓶座 的 预测

今年，当您觉得事情失控时，耐心将是要牢记的关键因素。

反思，然后做出决定。向天使寻求解决问题的智慧。如果你正在经历一段糟糕的时期，请记住，无论情况多么困难，你都应该始终保持积极的态度。不要让有毒的人打扰你的平静。你必须尽最大努力克服障碍。

唤醒你内心的战士，勇敢地对抗挑战。今年你可以征服你的目标。

培养耐心，真正的财富在于内心的宁静。放下过去的包袱，以全新的心态迎接这一年。情绪治愈将打开通往成功的大门。坚持不懈地实现你的目标，因为成功总是发生在有决心工作的人身上。

保护你的自尊，不要让任何人夺走你前进的愿望。寻找与您有相同目标的人来创建项目。避免担心过去，享受现在。

要小心，不要相信接近你的人，因为有些人可能会谋取个人利益。

对双鱼座的预测

今年你应该谨慎地敞开心扉，这样你才能避免犯错。利用每一个机会，因为它们有到期日期。

照顾好自己的健康，以免感染呼吸道。照顾好自己的健康，尽量多休息和睡觉。

不要将自己与任何人进行比较，每个人都有自己的道路。今年，您的财务状况会有所改善，但要储蓄以防止未来的经济危机。

一份来自过去的爱情会回来，想想恢复那段关系是否方便。当心可能会给您带来麻烦的冲突友谊。

生活会给你带来挑战，这样你才能学会更加珍惜你所爱的人。如果您的伴侣表现出行为变化，请评估这种关系是否值得继续。您将通过社交网络结识某人，他们将帮助您为您的生活增添趣味。

审美改造将帮助您在爱情中吸引新的机会不要被过去麻痹，您必须投资于自己才能感觉更好。

今年不要忘记，您必须付出才能实现繁荣并欣赏您已经拥有的。

2025年每个星座的精神法则

白羊座。

吸引力法则

我们所想和所感所动，我们创造的。我们的振动吸引了类似的经历和人。

培养积极的态度：在各种情况下寻找好的一面并表达感激之情。

可视化您的目标：为您想要实现的目标创建清晰、详细的脑海图像。

积极的肯定：重复强化您的信念和愿望的短语。

采取行动：吸引力法则并不能取代努力。设定明确的目标并朝着这些目标努力。

保持开放的心态：保持灵活并愿意接受变化和新的机会。

吸引力法则可以成为您在 2025 年促进乐观和积极性的工具。但是，必须以现实的观点和积极主动的方法来实现您的目标。

金牛座。

业力法则

每个动作都有一个反应。我们的行为，无论是积极的还是消极的，都会对我们的生活产生影响。《业力法则》为生活提供了一个深刻而有意义的视角。通过理解和应用其原则，我们可以创造更快乐、更充实、更符合我们最深刻价值观的生活。

因果关系：最直接的结果是我们的行为与其结果之间的关系。如果我们播种爱和善良，我们也会收获同样的果实。如果我们播下仇恨和暴力的种子，就会收获痛苦。

个人责任：因果报应法则邀请我们对自己的生活负责。我们的处境不仅是偶然的产物，也是我们过去选择和行动的结果。

精神成长：通过了解业力法则，我们可以培养同情心、耐心和智慧。

平衡与正义：虽然我们行为的后果需要时间才能显现似乎不公平，但业力法则向我们保证，从长远来看，一切都会平衡。

双子座。

超然法则

通过将自己依附于结果或财产，丰盛的流动被阻止。超脱让生命自由流动。

更平静的心灵：放下烦恼和执着，您将体验到一种平静和内心的宁静感。

情绪自由：您将从恐惧、焦虑和悲伤等情绪负担中解脱出来，这些负担通常与我们的依恋有关。

个人成长：Detachment 让您对新的体验和机会持开放态度，从而促进您的个人发展。

丰富：通过放弃你不需要的东西，你为新的和更好的事物进入你的生活创造了空间。

更好的关系：Detachment 帮助您在爱和相互尊重的基础上建立更健康、更真实的关系。

超脱法则是实现幸福和个人成就的有力工具。释放怨恨和内疚，以治愈你的人际关系和你自己。

癌症。

宽恕的法则

宽恕会释放负能量，并允许个人和精神上的治愈。宽恕法则是一项精神原则，它提出宽恕他人和我们自己对于我们的康复和幸福至关重要。通过宽恕，您可以释放将您与过去捆绑在一起的负面情绪负担，并打开通往更光明未来的大门。

情绪释放：宽恕释放愤怒、怨恨和内疚，让您体验到更大的内心平静。

改善健康：与怨恨相关的压力和消极情绪会影响我们的身心健康。宽恕可以帮助减少这些影响。

精神成长：宽恕是一种无条件的爱的行为，它使我们更接近我们的精神本质。

积极性的吸引力：通过宽恕，我们会为我们的生活吸引更多的积极与和谐。

宽恕是有意识地决定放下痛苦，并不意味着为不良行为辩护。感谢从这次经历中吸取的教训。

狮子座。

服务法

通过服务他人，一个人体验到与宇宙的更紧密联系，并得到丰富的收获。

帮助他人会增加血清素和多巴胺的水平，这些是与幸福相关的神经递质。该服务将您与社区联系起来，并允许您建立更牢固、更有意义的关系。

通过服务于比我们自己更伟大的目标，我们会在生活中找到更深的意义。

该服务挑战您走出舒适区并发展新的技能和观点。

通过关注他人的需求，您可以将注意力从您的问题和担忧上转移开来。

在日常生活中做一些小小的善举，与他人分享您的技能，并感谢您必须服务的机会。

处女座。

振动定律

一切都是以不同频率振动的能量。我们的情绪和思想会影响我们的振动。宇宙中的一切事物，包括人类、物体和思想，都是由能量组成的。

每个事物都以不同的频率振动。这个频率决定了那个东西的性质和表现。以相似频率振动的物体或人会相互吸引。请记住，积极的想法会吸引积极的体验。

我们个人的振动创造了我们的现实。如果我们在恐惧的频率上振动，我们就会吸引恐惧的体验。如果我们在爱和丰盛的频率中振动，我们就会吸引到爱和丰盛的体验。

我们的情绪是我们振动频率的表现。喜悦和爱等感觉的振动频率高于恐惧和悲伤。

振动法则教导你,你是你现实的创造者。通过理解和应用这个法则,你可以表现出更快乐、更充实的生活。

天秤座。

均衡定律

生活寻求平衡。一个领域的过剩会导致另一个领域的不平衡。平衡对于我们的身体、心理和情绪健康至关重要。当我们处于平衡状态时，我们会在生活中体验到更大的和平与和谐感。

平衡使我们能够以更健康的方式成长和发展，而在人际关系中，它可以促进联系和相互理解。

压力、失眠或疾病可能是不平衡的迹象。将活动纳入您的日常生活中，帮助您平衡生活，例如锻炼、冥想、在大自然中度过时光和放松时刻。

不要忘记，正念可以帮助您更加了解自己的想法和情绪，让您更容易识别不平衡。

不要让自己责任过重，如果你工作太多，请花更多时间在你的爱好上或花时间与你所爱的人在一起。

蝎子。

丰度法则

宇宙是丰富的。稀缺是一种幻觉。我们的思想是振动能量。当我们想到富足、幸福和繁荣时，我们会发出一种振动，吸引更多相同的事物。与其专注于你没有的东西，不如把注意力集中在你拥有的东西和你想吸引的东西上。

富足是指生活的方方面面，包括健康、人际关系和幸福。

富足不是自私的。通过为您的生活吸引丰富，您也可以与他人分享。

设定让你兴奋的清晰具体的目标，不担心未来或遗憾过去，以感恩和开放的态度接受宇宙的礼物。

丰盛法则的运作原则是，我们所想和所感的，都是我们创造的。通过专注于丰富和积极性，您正在向宇宙发出一个信号，吸引更多相同的事物。

人马座。

责任法

我们对自己的生活负责。也就是说，我们是自己生活的作者，每一次经历，无论是积极的还是消极的，都是我们信念、思想和行为的反映。

认识到您对自己的决定和取得的结果负全部责任。要明白，每一个想法、每一个言语和每一个行为都会在宇宙中产生反应，从而创造你的现实。

对你的错误负责，并从中吸取教训以发展。

掌控你的生活，创造你想要的现实。识别消极的想法并用积极的想法代替它们。对自己的情绪负责。你的情绪是对你的想法的回应。了解如何以健康的方式管理您的情绪。

专注于你所拥有的，而不是你缺乏的。

摩羯座。

共**时**性定律

重大巧合不是巧合。同步事件可以具有个人的符号含义。例如，反复看到数字 22 可能表明您走在正确的轨道上。

共时性通常是通过直觉体验的;正是那种内在的感觉，即某件事是重要的或有意义的。保持开放的心态，观察生活中发生的巧合。

倾听你内心的声音，并跟随它向你发出的信号。记录您体验到的同步性以找到模式和意义。注意细节、数字、重复的单词和您认识的人。

感谢宇宙为你体验到的同步性。感恩会吸引更多美好的事物进入你的生活。

水瓶座。

完美法则

一切都是完美的。通过认识到我们与宇宙的联系，我们明白我们是更伟大、更完美的事物的一部分。完美不是一种被达到的状态，而是一个不断的成长和进化过程。接受你的不完美和限制可以让你与你的神圣本质建立联系。

接受自己的本来面目，接受自己的长处和短处，相信自己和取得伟大成就的能力。

练习正念，观察你的想法和情绪而不评判它们，不要执着于过去或担心未来。

花时间在大自然中感受创造的能量，并祈求你的天使在你所经历的一切中表现出完美，在你的亲人、你的家庭、你的工作、你的财务、你的友谊以及你的所有事务中。

双鱼座。

无条件的爱法则

爱是宇宙中最强大的力量。无条件的爱是一种超越条件、期望的状态。这是一种纯洁无私的爱，无差别地延伸到所有众生。它是连接一切存在的基本能量。

决定无条件地爱是一种有意识的选择，它改变了我们的生活和人际关系。通过无条件地爱，你会吸引更多的爱进入你的生活。

无条件的爱在身体和情感上都具有深远的治愈能力。接受自己的长处和短处，以与对待所爱之人相同的同情心和善意来对待自己。释放怨恨和内疚。原谅他人，你允许你前进。

试着理解别人的观点，即使你不同意他们，也要无私地帮助别人。

如何与您的守护天使沟通

我们每个人在出生之前，都被分配给我们的守护天使。它们通过人们的感官和想象力来行动，但他们绝不能违背人类的意愿行事。

守护天使不能干涉人类的生活，除非被要求这样做，否则他们正处于迫在眉睫的死亡危险中。

要与您的守护天使交流，您必须寻求他们的帮助。与您的天使交流最流行的方式是通过祈祷，但您可以通过了解寻求天使帮助后发生的信息和同步性来实现这一目标。你必须注意你的梦并寻找它们的意义，当你感觉到不寻常的事情时，倾听你的直觉。

为了联系你的守护天使，你必须召唤他，因为通过这种方式，你向他发送了一条信息，表明你打算接受他的帮助和建议。

情绪会造成干扰并阻止有效沟通。冥想是与您的守护天使建立联系的最佳工具。你的头脑越平静，你就越能感知你的守护天使。

直觉，或第六感，是与您的守护天使交流的最有效方式。这就是为什么与天使相遇的人几乎总是在焦虑的时刻经历它们，因为在那些时刻，人类会根据他的本能做出反应。这打开了一个沟通的渠道，让守护天使的爱流淌。

联系你的守护天使是一个过程，可以让你享受充满祝福的奇迹般的生活。

关于作者

关于作者

除了占星学知识外，Alina A. Rubí 还受过丰富的专业教育；她拥有心理学、催眠、灵气、水晶生物能量治疗、天使治疗、解梦方面的认证，并且是一名精神教练。Ruby 拥有宝石学知识，她用它来对宝石或矿物进行编程，并将它们变成强大的护身符或护身符。

Rubi 具有务实和注重结果的性格，这使他对各种世界有着特殊和综合的愿景，从而促进特定问题的解决方案。阿丽娜为美国占星家协会的网站撰写每月星座运势；您可以在网站上阅读它们：

www.astrologers.com。此时，他在 El Nuevo Herald 报纸上撰写每周一次的关于精神主题的专栏，每周日以数字形式发布，周一以印刷形式发布。

他也有一个节目和每周星座运势，可以在本报的 YouTube 频道上发布。他的《占星学年鉴》每年都会在《Diario las Américas》报纸的 Rubi Astróloga 专栏下出版。

Rubi 为月刊《今日占星家》撰写了几篇关于占星术的文章，教授过占星术、塔罗牌、手读、水晶治疗和深奥学等课程。她每周都会在自己的 YouTube 频道 Rubi Astrologa 上发布关于深奥主题的视频。

她每天通过 Flamingo 电视广播自己的占星术节目，她接受了多个电视和广播节目的采访，每年她的"占星学年鉴"都会出版，其中包含星座逐个符号和其他有趣的神秘话题。

她是《心灵的米豆》第一部分、第二部分和第三部分的作者，该书汇集了深奥的文章，以英语、西班牙语、法语、意大利语和葡萄牙语出版。"所有口袋的钱"，"所有心的爱"，"所有身体的健康"，在生命嘲笑你之前嘲笑生活，繁荣的关键，精神和能量净化，2021年占星年鉴，2022年星座运势，2022年、2023年和2024年成功的仪式和咒语，咒语和秘密，占星术课程，仪式和护身符2020、2021、2022、2023、2024和2023年和2025年中国星座运势，以及更多其他语言，均提供九种语言版本：英语、俄语、葡萄牙语、中文、意大利语、法语、西班牙语、日语和德语。

Rubi 能说一口流利的英语和西班牙语，将他所有的才能和知识融入到他的阅读中。他目前居住在佛罗里达州迈阿密。

有关更多信息，您可以**访问该网站：**

www.esoterismomagia.com

www.ingramcontent.com/pod-product-compliance
Ingram Content Group UK Ltd.
Pitfield, Milton Keynes, MK11 3LW, UK
UKHW040820151224
452457UK00014B/138